Schriften
des
Vereins für Sozialpolitik.

**Deutsche
Zahlungsbilanz und Stabilisierungsfrage.**

Im Auftrage des Vereins
veranstaltet von
Karl Diehl und Felix Somary.

167. Band.

Probleme der deutschen Zahlungsbilanz.
Herausgegeben von M. J. Bonn.

Zweiter Teil.
Zahlungsbilanz und Lebensfähigkeit Österreichs.

Verlag von Duncker & Humblot.
München und Leipzig 1925.

Zahlungsbilanz und Lebensfähigkeit Österreichs.

Von

Friedrich Hertz.

Verlag von Duncker & Humblot.
München und Leipzig 1925.

Alle Rechte vorbehalten.

Altenburg, Thür.
Pierersche Hofbuchdruckerei
Stephan Geibel & Co.

Zahlungsbilanz und Lebensfähigkeit Österreichs.

Von
Dr. Friedrich Hertz, Wien.

Inhalt.

	Seite
Pessimistische Urteile über die Lebensfähigkeit Österreichs	3
Die Wirtschaftskräfte Österreichs	5
Berufsverteilung	12
Volkseinkommen	15
Entwicklung in der Nachkriegszeit	20
Handelsbilanz	23
Überkonsum	29
Unterproduktion	32
Unsichtbare Posten der Zahlungsbilanz	33
Kapitalsübertragungen	35
Fremdenverkehr	38
Einkommen aus auswärtigen Kapitalsanlagen	46
Internationaler Zwischenhandel	57
Zusammenfassung	59

Ansichten über die voraussichtliche Gestaltung der österreichischen Zahlungsbilanz haben in den ersten Jahren der Republik eine starke Wirkung auf die öffentliche Meinung und hiermit auch auf die ganze finanzielle Lage ausgeübt. Die Frage, ob der neue Staat, der im höchsten Maße auf die Einfuhr der lebenswichtigsten Güter angewiesen und dabei durch die Friedensverträge von seinen natürlichen Absatz- und Versorgungsgebieten aabgeschnitten war, überhaupt jemals imstande sein werde, diese Einfuhr mit den Produkten seiner Arbeit zu bezahlen, wurde von der öffentlichen Meinung fast einhellig entschieden verneint. Es verging kaum ein Tag, an dem nicht die Presse ohne Unterschied der Partei versicherte, Österreich sei nicht lebensfähig, und das unaufhaltsame Zusammenbrechen der Währung schien diesem Pessimismus recht zu geben. Kein Wunder, daß infolgedessen auch das Ausland einer energischen Mithilfe zur wirtschaftlichen Wiederaufrichtung Österreichs mit gleichgültiger oder bedauernder Ablehnung gegenüberstand und keineswegs geneigt war, sein Kapital in ein hoffnungsloses Unternehmen hineinzustecken. Seit dem Zusammenbruch hatte das Ausland von Österreich kaum etwas gehört als erschütternde Elendschilderungen und Hilferufe und hatte den Eindruck, daß das ganze Volk rettungslos zugrunde gehe. Natürlich tauchte auch die Frage auf, warum eigentlich Österreich nur durch die Mildtätigkeit der ganzen Welt am Leben erhalten werden könne. Da folgte dann stets der Hinweis, daß Wien eben für das heutige verstümmelte Österreich viel zu groß sei und hauptsächlich aus unproduktiven Elementen, nämlich einem Riesenheer von Beamten, unnützen Intellektuellen, Zwischenhändlern und Schmarotzern aller Art bestehe. Ebenso fehle es Österreich an den sachlichen Faktoren der Produktivität, nämlich an fruchtbarem Boden, Bergwerken, Fabriken.

Die Behauptung, daß Wien ein Parasit sei, der stets nur von fremder Arbeit gelebt habe, wurde im Auslande, besonders von der tschechischen Propaganda rührig verbreitet. Mit einem Aufwand falscher Statistik wurde behauptet, daß Wiens Blüte auf der Ausbeutung der slawischen Provinzen beruht habe und daß sein heutiges Elend die unausweichliche und gerechte Folge davon sei, daß die unterdrückten Nationen ihre Unabhängigkeit errungen hätten. Die Konsequenz hieraus hat Dr. Beneš gezogen, als er 1920 erklärte, die Lösung des österreichischen Problems liege in der systematisch organisierten Auswanderung von einer Million Wienern. Auch der tschechoslowakische Handelsminister Dr. Hotowetz äußerte sich im „Manchester Guardian" (Handelsbeilage) vom 21. April 1921: „Tatsächlich ist Wien von den Industriegegenden abgeschnitten wie ein Kopf ohne Körper." Merkwürdigerweise stimmte diese Agitation mit manchen Argumenten überein, mit denen viele österreichische Politiker dem Gedanken des Anschlusses an Deutschland nützen zu können glaubten, die aber eher den gegenteiligen Erfolg hatten. Selbst ein so hervorragender Volkswirt wie Dr. Gustav Stolper behauptete in seinem Buch „Deutschösterreich als Sozial- und Wirtschaftsproblem", S. 115: „Deutschösterreich hat niemals von seiner eigenen Produktion gelebt. Nicht die deutschösterreichische Industrie, sondern die böhmische, mährische, ungarische hat Deutschösterreich, vor allem Wien, alimentiert." Noch merkwürdiger ist, daß ein sozialdemokratischer Landeshauptmannsstellvertreter in einem Landtag ausführte: „Im Habsburgerstaat hat das deutsche Element weniger Gewicht auf die eigene Arbeit als auf die der anderen Völker gelegt. Nach dem Anschluß aber wird sich der Österreicher auf Arbeit einstellen lernen." („Arbeiter-Zeitung" vom 28. April 1921.)

Vor allem aber plädierte Dr. Stolper in seinem eben zitierten, vielgelesenen Buche mit großem Nachdruck für die völlige Lebensunfähigkeit Österreichs. Sein Gedankengang war folgender: Wiens Existenz beruhte hauptsächlich auf Zwischenhandel, Bankgeschäft, Verkehr und dem Konsum der Angestellten der Zentralverwaltung. Nun bemühen sich die Nachbarstaaten, jede solche Betätigung Wiens, die sie als schmarotzerisch ansehen, auszuschalten, also ihrerseits direkt zu exportieren, die großen Unternehmungen, die ihre Zentralbüros in Wien haben, zur Verlegung der Direktion in ihr eigenes Territorium zu zwingen, den Wiener Banken das Arbeitsfeld abzuschnüren, den internationalen Verkehr von Wien abzulenken usw. Daher konnte es uns nach Dr. Stolper gar nicht helfen, wenn es uns selbst gelingen sollte, unsere Industrieproduktion voll in Gang zu bringen, sondern die einzige Hilfe blieb eben, durch den Anschluß eine österreichische Produktion erst zu pflanzen, von der wir dann später würden leben können.

Auch der Großindustrielle Julius Meinl, ein hervorragender Vorkämpfer für Freihandel, führte in zahlreichen Artikeln den Grundgedanken aus: „Die Landwirtschaft wie auch die Industrie dieses Landes können nur einen kleinen Teil der Bevölkerung ernähren, so daß dieses Land den Großteil seiner bedeutenden Importbedürfnisse durch Dienstleistungen auf dem Gebiete des Handels, Verkehrs, der Finanz und der Kulturvermittlung bezahlen muß." Julius Meinl stimmte also mit Dr. Stolper in seiner Anschauung von den Existenzgrundlagen Österreichs überein. Er wich aber insofern von ihm ab, als er die Handelsfunktion sehr hoch einschätzte.

Es war natürlich schwer, einer von Vertretern der verschiedensten Richtungen mit solcher Einhelligkeit aufgestellten Behauptung entgegenzutreten. Das theoretische Argument, daß schließlich kein Staat auf die Dauer mehr vom Ausland kaufen könne, als seiner Kaufkraft entspreche, daß also die Zahlungsbilanz sich schon von selbst entsprechend regulieren werde, hatte in einer Zeit, in der die Ernährung der Bevölkerung in erheblicher Weise durch staatliche Zuschüsse und Banknotendrucken sichergestellt wurde und in der die Inflation die elementarsten volkswirtschaftlichen Begriffe verwirrte, keine Aussicht auf Beachtung. Überdies handelte es sich eben um eine Volkswirtschaft, die mit Gewalt aus ihrem Gleichgewicht gerissen worden war und eine Anpassung an die neuen Lebensbedingungen schien nur durch eine Massenauswanderung oder ein Massenverhungern möglich. Ausreichende wirtschaftsstatistische Daten lagen noch nicht vor und die Situation war auch zu abnormal, um aus der Statistik Schlüsse auf die Zukunft zu ziehen.

Zweifellos hat diese Stimmung der Hoffnungslosigkeit, die die ganze öffentliche Meinung beherrschte, sehr zu dem valutarischen Zusammenbruch beigetragen, obwohl natürlich die Hauptgründe darin lagen, daß der Staat notgedrungenermaßen immer größere Banknotenmengen in Verkehr setzen ließ, weil Steuerfähigkeit und Produktivität der Wirtschaft eine sehr niedrige war. Wenn man aber das Anwachsen der Banknotenmenge durch eine Kurve ausdrückt, so findet man, daß die Geldentwertung zeitweilig weit voraneilte, was nur mit der düsteren Einschätzung der Zukunft zu erklären ist.

Gegen diesen lähmenden Pessimismus wendete sich nun zuerst und fast vereinzelt eine kleine Schrift, die ich 1921 unter dem Titel „Ist Österreich lebensfähig?" veröffentlichte und die im In- und Auslande weite Beachtung fand. Manche meiner statistischen Schätzungen sind inzwischen durch amtliche Ziffern überholt worden; manche Argumente aber sind heute noch gültig, und die Ausführungen dieser Schrift werden daher hier zum Teil benutzt. —

Vor allem widerlegte ich die Meinung, Österreich habe keine in Betracht kommende Industrie. Daß Österreich auch ein hochindustrielles Land ist, zeigt ohne weiteres ein Vergleich mit Böhmen, dem niemand diesen Rang absprechen wird. Tatsächlich bleibt selbst das heutige verstümmelte Östereich hinter Böhmen industriell kaum zurück, besonders im Verhältnis zur Bevölkerungszahl. Im Jahre 1910 zählte das heutige Gebiet Östereichs 6,4 Millionen Einwohner gegen 6,8 Millionen in Böhmen. Bei den Volkszählungen 1920/21 betrugen die Ziffern 6,2, bzw. 6,7 Millionen. Böhmen hat also zirka 500 000 Einwohner mehr. Die gewerblich-industrielle Produktion Böhmens ist aber nicht größer als jene Deutschösterreichs. Der beste Beweis ist die Zahl der **gewerblichen unfallversicherten Arbeiter**. Es sind dies alle in motorischen Betrieben und Baugewerben Beschäftigten; das Kleingewerbe ohne Motor ist also ausgeschlossen. Auch die Eisenbahnangestellten sind **nicht** inbegriffen. Die Summe aller dieser Arbeiter, die hauptsächlich in Fabriken, größeren Gewerbebetrieben und bei Bauten tätig waren, belief sich 1912 auf dem heutigen Gebiet Österreichs (nach Ausscheidung der abgetretenen Gebiete Südtirols und Südsteiermarks) auf 771 729[1]. In Böhmen belief sich ihre Zahl auf 752,305. Nach der gewerblichen Betriebszählung von 1902 waren in den Erzeugungsgewerben des jetzigen

---

[1] Vgl. „Die Gebarung und Ergebnisse der Unfallstatistik in den Jahren 1912 und 1913" (Wien 1917), S. 139. — Die Unfallversicherungsanstalten Salzburg bzw. Graz umfassen die Ländergruppen Oberösterreich, Salzburg, Tirol, Vorarlberg bzw Steiermark, Kärnten. Man muß nun gewisse Abzüge machen, um die Abtrennung Südtirols und Südsteiermarks durch den Friedensvertrag zu berücksichtigen. Dies kann man durch Errechnung des Anteils der abgetrennten Gebiete an der Zahl der gewerblich Beschäftigten der betreffenden Ländergruppen auf Grund der Fabrikenstatistik von 1907 und der gewerblichen Betriebszählung von 1902 (vgl. „Die Arbeitszeit in den Fabriksbetrieben Österreichs" 1907 und „Ergebnisse der gewerblichen Betriebszählung von 1902", Heft 5, 1904). Es ergibt sich, daß auf Südsteiermark vom Unfallversicherungsbezirk Graz zirka 18 % der Beschäftigten entfielen, auf Südtirol vom Bezirk Salzburg nach der Fabrikenstatistik 11 %, nach der Betriebszählung 23 %, also im Durchschnitt 17 %. Von Steiermark allein entfielen auf Südsteiermark 22 %, von Tirol allein auf Südtirol 63 %. In früheren Veröffentlichungen habe ich bei analogen Berechnungen die Bevölkerungsquote zugrunde gelegt. Der hier eingeschlagene Weg ist aber genauer. Infolgedessen weisen manche Daten kleinere Abweichungen von früher veröffentlichten auf, die als Verbesserungen anzusehen sind.

österreichischen Gebietes 1008112 Arbeiter[1] mit 556637 PS tätig, in Böhmen 1192391 Arbeiter mit 546269 PS. Böhmen hatte also nach dieser Zählung mehr Arbeiter, Österreich mehr motorische Kraft. Ziehen wir die Heimarbeiter ab, so verschiebt sich die Zahl der Arbeiter zugunsten Österreichs, das dann etwa 50000 Arbeiter mehr zählte als Böhmen. Diese Arbeiterzahl verteilte sich folgendermaßen auf die Größenklassen[2]:

Zahl der Arbeiter in Betrieben mit	Österr. Bundesländer (1902)	Böhmen (1902)
1—5	403 028 = 39 %	348 457 = 35,5 %
6—20	171 154 = 16,6 %	115 620 = 11,8 %
21—100	172 236 = 16,7 %	159 289 = 16,2 %
über 100	285 068 = 27,6 %	356 438 = 36,3 %

Hieraus ergibt sich also ein nicht unbeträchtliches Übergewicht Böhmens in der eigentlichen Großindustrie, während Österreich einen größeren Anteil in der Kleinindustrie beschäftigte. Gerade die in Betracht kommenden Kleinbetriebe stellen aber ein starkes Kontingent zum Export, vor allem die Wiener Geschmacksgewerbe, doch auch Sägewerke, Eisen und Metall verarbeitende Gewerbe usw.[3].

Ein abweichendes Resultat erhalten wir auf Grund der Fabrikenstatistik von 1907, wobei als Fabrik nur mechanische Produktionsbetriebe mit mehr als 20 Arbeitern gerechnet sind. Hiernach hätte Österreich 290000 Arbeiter, Böhmen 432874. Die Arbeiterzahl der österreichischen Fabriken machte also 67% der böhmischen aus. Vergleicht man aber die hier für Österreich und Böhmen gegebenen Ziffern mit der eben angeführten Tabelle auf Grund der Betriebszählung, so ergibt sich für die Betriebe mit mehr als 20 Arbeitern in beiden Ländern ein unerklärlicher, sehr bedeutender Rückgang. Nach der Betriebszählung von 1902 beschäftigten in den österreichischen Bundesländern diese Betriebe 457304 oder nach Abzug der abgetretenen Gebiete etwa 440000

---

[1] Mit dieser von mir berechneten Zahl stimmt die später offiziell ermittelte von 1005801 fast ganz überein. (Statistische Nachrichten II Nr. 5 vom 25. Mai 1924.)

[2] In der nachfolgenden Tabelle sind Südsteiermark und Südtirol nicht ausgeschieden, während dies bei allen anderen Daten der Fall ist. Die proportionale Verteilung wird aber hierdurch kaum berührt.

[3] Eine Darstellung der österreichischen Industrie findet sich in meinem Buch „Die Produktionsgrundlagen der österreichischen Industrie vor und nach dem Kriege, insbesondere im Vergleich mit Deutschland". (Wien 1917, Verlag für Fachliteratur.)

Arbeiter, nach der Fabrikenstatistik von 1907 aber nur 290 000 Arbeiter. Nach der ersten Zählung entfielen auf das jetzige österreichische Gebiet etwa 32% der altösterreichischen Fabriksarbeiter, nach der letzteren aber nur 28,2%. Ein Teil des Unterschieds erklärt sich aus der Verschiedenheit der Methode.

Die tschechische Propaganda führte besonders eine Ziffer an, die unaufhörlich dem Bewußtsein der Welt eingehämmert wurde. Sie behauptete nämlich, daß Tschechoslowakien 80% der Industrie des früheren Österreich geerbt habe. Selbst offizielle Berichte auswärtiger Gesandtschaften in Prag und andere amtliche Dokumente tischten diese Ziffer auf. Schon aus den eben angeführten Ziffern ergibt sich, daß diese Behauptung unrichtig ist. Nach der von mir allerdings angezweifelten Fabrikenstatistik von 1907, die für die jetzt tschechoslowakischen Länder eher zu günstig sein dürfte, entfielen auf Böhmen 41,7%, auf Böhmen, Mähren, Schlesien (also auf die Tschechoslowakei ohne Slowakien) 61,8% der Fabriksarbeiter[1]. Von den rund 17 000 Fabriken Österreichs erbten nach dem Zerfall der Monarchie die Republik Österreich 37,6%, Tschechoslowakien 56,8%[2]. Wird die Kleinindustrie einbezogen, so bessert sich der Anteil Österreichs. Die Statistik der Unfallversicherungsanstalten ergibt 1912 für das jetzige Österreich einen Anteil von 35% an der Zahl der gewerblich-industriell tätigen Arbeiter, von 34,1% für Böhmen, Mähren, Schlesien[3]. **Die Feststellung der österreichischen Produktionsquote ist für unsere spätere Berechnung der unsichtbaren Zuflüsse der Zahlungsbilanz von besonderer Bedeutung.**

Folgende Tabelle zeigt, welcher Anteil von den einzelnen Gruppen des früheren Gesamt-Österreich nach der Berufszählung[4] von 1910 auf das jetzige österreichische bzw. tschechoslowakische Gebiet entfiel:

---

[1] Über die Verteilung der einzelnen Industrien auf die Nachfolgestaaten vgl. Otto Beck, Die Wirtschaftsgebiete an der Mittel-Donau vor dem Kriege 1922, S. 54

[2] Vgl. J. Weill, Tschechoslowakei 1924, S. 93.

[3] Bemerkenswert ist auch, daß im letzten Jahrzehnt vor dem Kriege die Produktionsentwicklung der heutigen österreichischen Länder rascher war, als in Böhmen So wuchs von 1901—1912 die Zahl der gewerblichen Unfallversicherten dort um 59%, in Böhmen aber nur um 46%. Von den gewerblichen Versicherten entfielen 1903 auf das heutige Österreich nur 33,6% gegen 35% im Jahre 1912.

[4] Vgl. Berufsstatistik nach den Ergebnissen der Volkszählung von 1910 (Wien 1914—1916).

	Industrie und Gewerbe		Handel und Verkehr		alle Berufe (inkl. Landwirtschaft und freie Berufe)	
	Berufstätige	Berufszugehörige	Berufstätige	Berufszugehörige	Berufstätige	Berufszugehörige
heutiges Österreich	30,5 %	28,7 %	35,1 %	31,3 %	23,2 %	22,3 %
Tschechoslowakei (ohne Slowakei und Karpathorußland)	53 %	53,5 %	35,9 %	35,5 %	34,3 %	35,5 %

Die beiden letzten Zählungen zeigen folgendes Bild:

	Berufstätige		
	Industrie und Gewerbe	Handel und Verkehr	Bevölkerung
Österreich 1920 (ohne Burgenland)	1 026 004	375 248	6 057 617
Tschechoslowakei 1921 [1]	2 212 472	604 514	13 611 349

Das Verhältnis der industriell-gewerblichen Bevölkerung zur Gesamtbevölkerung ist also heute in Österreich noch etwas günstiger als in der Tschechoslowakei. Bei Einbeziehung von Handel und Verkehr ist Österreich sogar wesentlich günstiger daran.

Die Zahl der im Bergbau Beschäftigten betrug 1913 in Böhmen 64 568 oder mehr als das Doppelte der auf das jetzige österreichische Gebiet entfallenden Zahl. Der Wert der Produktion war 175,5 Mill. Kronen in Böhmen, bzw. 76 Mill. Kronen auf unserem Gebiet[2]. Andererseits hat Deutschösterreich weit mehr als doppelt so viel Waldungen als Böhmen, die zahlreichen Industrien wertvolles Rohmaterial liefern. Die Waldungen bedeckten in Österreich 3,5 Mill. Hektar[3] gegen 1,5 Mill.

---

[1] Vgl. Mitteilungen des statistischen Staatsamtes der tschechoslovakischen Republik V, Nr. 29.

[2] Die Kohlenproduktion Südsteiermarks ist hierbei schon ausgeschieden. Hinzu zu zählen wäre noch die burgenländische Produktion. Salz ist inbegriffen.

[3] Hiervon wäre noch der auf Deutschsüdtirol entfallende Anteil abzuziehen, dagegen aber die Wälder des Burgenlandes hinzuzuzählen. Die Daten über Holz nach wirtschaftsstatistischen Materialien über Deutschösterreich zusammengestellt von der n. ö. Handels- und Gewerbekammer 1919.

Hektar in Böhmen. Vor allem aber überragt die Republik Österreich das Land Böhmen in bezug auf die großartige Entwicklung, die Handel, Bankwesen und Verkehr in ihr genommen haben. Bisher hat Wien seine Stellung als kommerzielles und finanzielles Zentrum in einer alle Erwartungen übertreffenden Weise behauptet. Beträchtlich ist auch die Überlegenheit Deutschösterreichs im Transit und im Fremdenverkehr[1]. Schließlich ist nicht zu übersehen, daß noch immer sehr viele Unternehmungen, deren Betriebe in den Nachbarstaaten liegen, im Wiener Besitz sind oder von Wien aus finanziell kontrolliert werden. Von den österreichischen Aktiengesellschaften entfiel im Jahre 1918 ein Anteil von 29% des Kapitals auf solche Gesellschaften, deren Betriebe ganz oder zum größten Teile außerhalb der Republik Österreich liegen[2].

Eines bedeutenden Vorranges erfreut sich dagegen Böhmen durch seine hochintensive Landwirtschaft[3]. Hier liegt der schwache Punkt Österreichs, nicht im Mangel an Industrie. Wenn die österreichische Bauernschaft auf der Höhe der Schweizer Landwirte stünde, so wäre

---

[1] Nach der Statistik des Fremdenverkehrs für 1913 (Österreichisches Statistisches Handbuch, XXXIII. Jahrgang, S. 64) wurden in den heutigen österreichischen Ländern (nach Abzug Südtirols und Südsteiermarks) 264 000 Fremdenbetten gezählt gegen 97 622 in Böhmen. Ferner wurden für alle Orte mit einem Fremdenverkehr von mehr als 10 000 die Zahl der Fremden angegeben. Von solchen Orten besaß Österreich 22 und Böhmen 13. Der Fremdenverkehr 1913 stellte sich hiernach wie folgt (mit Weglassung der Fremden aus derselben Provinz):

	Österreich	Böhmen
A. Fremde aus anderen österreichischen Ländern als dem Land des Hotels	880 666	138 824
B. Fremde aus europäischen Ländern außerhalb Österreichs	368 028	203 442
C. Fremde aus überseeischen Ländern	21 693	11 118

Diese Zahlen sind jedoch für Österreich noch zu ungünstig, da die zahlreichen kleineren Sommerfrischen der Alpen, in denen die Fremdenzahl 10 000 nicht erreichte, nicht aufgenommen sind. Jedenfalls war also der Fremdenverkehr in Österreich mehr als doppelt so groß als in Böhmen. Die Rubrik A enthielt natürlich viele Fremde aus dem Gebiet der jetzigen Sukzessionsstaaten.

[2] Statistisches Handbuch für die Republik Österreich, I. Jahrg. S. 38.

[3] Böhmen zählte nach der letzten Statistik 2 464 000 ha Ackerland, Österreich nur 1 680 300. Überdies war der Boden in Böhmen meist besser. Dafür war das Grasland in Österreich beträchtlich größer. Es betrugen die Dauerwiesen in Böhmen 566 000 ha, in Österreich 978 000 ha. An Weiden war Österreich jedenfalls auch sehr überlegen; doch fehlt mir die Statistik.

Österreich von ausländischer Lebensmittelzufuhr fast unabhängig! Man bedenke, daß die Schweiz in einzelnen Jahren zwei Drittel bis vier Fünftel ihres Gesamtnahrungsbedarfes (in Geld ausgedrückt) selbst produzierte, und daß Österreich auf den Kopf der Bevölkerung um 50% mehr Kulturfläche hat als die Schweiz (1,2 ha gegen 0,8 ha)[1]. Somit erscheint Österreich sehr rückständig, aber auch noch sehr entwicklungsfähig. Gerechterweise muß übrigens anerkannt werden, daß die österreichischen Bauern in den letzten Jahren doch auch vielfach zur Verbesserung der Wirtschaft geschritten sind; besonders die Verwendung der Elektrizität macht sehr große Fortschritte.

Auch die Vorstellung, daß Deutschösterreich einen besonders hohen Anteil unproduktiver Bevölkerung enthalte, ist ganz irrig. Vor dem Kriege waren in den heutigen Bundesländern mehr als die Hälfte der Gesamtbevölkerung erwerbstätig. Deutschösterreich stand in dieser Beziehung mit Frankreich an der Spitze aller europäischen Staaten und übertraf manche beträchtlich an Zahl der produktiven Elemente. Der Grund dieser überraschenden Erscheinung lag vor allem an der überaus starken Erwerbstätigkeit der Frauen. Deutschösterreich wies einen weit höheren Prozentsatz arbeitender Frauen auf als die anderen Staaten Europas, während die produktive Quote der männlichen Bevölkerung von vielen anderen Staaten übertroffen wurde. Ich erinnere mich des Erstaunens der englischen Delegierten zu einem Sozialistenkongreß, als sie bei einem Rundgang durch Wien zufällig Frauen auf einem Bau arbeiten sahen. Außerordentlich stark war ferner in Deutschösterreich der Prozentsatz der im Handel und Verkehr Tätigen auf die Gesamtzahl der Berufstätigen bezogen, nämlich 16,3%. Deutschösterreich wurde diesbezüglich nur noch von den Handelsstaaten England und Holland übertroffen. Hierin wirkte die Tatsache nach, daß Wien als Handelsstadt entstanden ist, nämlich durch die Lage am Schnittpunkt zweier großer Handelsstraßen von Osten nach Westen und von Süden nach Norden. Diese geographisch-historische Stellung ist zwar in der Folge wiederholt geschmälert worden, erhält sich aber im wesentlichen doch mit großer Beharrungskraft.

Wenn wir öffentliche Dienste, freie Berufe, Handel und Verkehr

---

[1] In der Schweiz ist der Prozentsatz des unproduktiven Bodens mehr als doppelt so hoch als in Österreich (22,4 % gegen 10,4 %). Auf den Kopf berechnet, hat Österreich bedeutend mehr Acker und Wald, dagegen die Schweiz mehr Wiesen und Vieh; an Alpen ist die Quote ungefähr gleich. Viel größer sind natürlich die Schweizer Erträge, besonders an Milch.

gänzlich ausscheiden, also nur die Produktionsberufe im engeren Sinne (Urproduktion + Industrie und Gewerbe) berücksichtigen, so finden wir, daß 1910 in Deutschland 34% der Bevölkerung tatsächlich produzierten, in Deutschösterreich aber 38%. Selbst der Prozentsatz der industriell Berufstätigen von der Gesamtbevölkerung war in Deutschösterreich nur unwesentlich kleiner als in Deutschland, nämlich 16,4% gegen 18,2% der Bevölkerung. Dies mag überraschen, da ja Deutschland industriell weiter vorgeschritten ist. Aber dies wird eben dadurch zum Teil aufgehoben, daß in Deutschösterreich, wie schon erwähnt, ein größerer Teil der Bevölkerung berufstätig arbeitete als in Deutschland. Nach der Zählung von 1920 waren in Österreich 50,92% der Bevölkerung berufstätig, dagegen 1921 in Böhmen nur 47,34%, in Mähren 43,98%, in Schlesien 44,28%. Österreich übertraf also hierin die Tschechoslowakei nicht unbeträchtlich. —

Man darf solchen Vergleichen keine zu weitgehende Bedeutung beimessen, weil die Erhebungsgrundsätze in den einzelnen Staaten manchmal voneinander abweichen. Aus diesem Grunde sind auch die Zahlen unserer Volkszählungen von 1910 und 1920 untereinander schwer vergleichbar, weil bei der letzten Volkszählung der Begriff „berufstätig" anders gefaßt wurde.

Ein amtlicher Statistiker Dr. Felix Klezl hat (im Neuen Wiener Tagblatt vom 9. Mai 1925) auf Grund der kollektiven Arbeitsverträge (die 90% aller Arbeiter und Angestellten in Industrie und Handel umfassen), sowie der Krankenversicherungsstatistik und anderer Daten folgende Berufsverteilung in durchaus zuverlässiger Weise ermittelt:

	Selbständige	Prozent der Bevölkerung	Unselbständige	Prozent der Bevölkerung
Industrie, Gewerbe, Handel ca.	410 000[1]	6	1 200 000[2]	18,5
Land- und Forstwirtschaft . . .	320 000	5	800 000[3]	12
Öffentliche Dienste (Bund, Länder, Gemeinden, Geistlichkeit) inkl. Bahnen	—	—	295 000[4]	4,5

Der nicht erfaßte Rest verteilt sich auf Lehrlinge, Heimarbeiter, Hausgehilfen, Pensionisten usw.

---

[1] inkl. Ärzte, Advokaten usw.
[2] Hiervon ca. 990 000 Arbeiter und ca. 210 000 Angestellte.
[3] Hiervon ca. 400 000 mithelfende Familienmitglieder und 400 000 Lohnarbeiter.
[4] Nur aktive Beamte und Angestellt inkl. vieler produktiver Betriebe, aber ohne die kollektivvertraglich Angestellte n der Gemeinde Wien.

Jedenfalls steht so viel fest, daß die Idee, Österreich leide unter einem besonders hohen Stand der unproduktiven Bevölkerung, sich statistisch als ganz falsch herausstellt.

Eine andere Frage, die statistisch freilich nicht beantwortet werden kann, ist jene, wie weit die berufstätigen Kräfte wirklich produktiv sind. Unsere Industrie konnte lange laut gesetzlicher Vorschrift den Arbeiterstand den Schwankungen des Bedarfes nicht ohne weiteres anpassen. Vor allem ist aber hier das Beamtenproblem zu berühren. Die an sich gewiß unerfreuliche Lage wurde im In- und Auslande tagtäglich in krassester Weise schwarz gemalt. Typisch ist folgender Bericht eines von einer europäischen Reise zurückgekehrten Beobachters namens H. Hartmann, der 1921 in einer Reihe großer amerikanischer Zeitungen abgedruckt wurde: „In Österreich scheinen die Verhältnisse derart zu sein, daß eine befriedigende Lösung ausgeschlossen ist. Ein großer Teil der österreichischen Bevölkerung arbeitet nicht wirklich und produziert nichts. Es gibt so viele Staatsbeamte und öffentliche Angestellte, daß jeder Versuch, die Verhältnisse zu verbessern, hoffnungslos erscheint. Wien ist ein auffälliger Kontrast im Vergleich mit Deutschland. Während in Deutschland jedermann fieberhaft arbeitet, scheint in Wien fast niemand etwas zu tun. Die öffentlichen Angestellten sind ebenso zahlreich wie im früheren großen österreichischen Reiche mit 50 Millionen Einwohnern. Überall stehen die Fabriken und nur einige arbeiten mit reduzierter Arbeitszeit."

Wenn Wien früher wirklich, wie Dr. Stolper meint, stets großenteils von den Beamten usw. gelebt hat, so müßte sich dies doch in der Vorkriegsstatistik ausdrücken. Nun betrug die Zahl der Beamten und freien Berufe 1910 im heutigen Bereich Deutschösterreichs 7,29% der Berufstätigen gegen 8,2% in Frankreich, 6,4% in England, 6,2% in Deutschland, 6,1% in Holland usw. Die Volkszählung 1920 ist in dieser Beziehung nicht verwertbar[1].

---

[1] Übrigens läßt sich noch auf andere Weise feststellen, daß die Behauptung, Wien habe vor dem Kriege großenteils auf Kosten der Provinzen gelebt, vollständig falsch ist. Das Österreichische Statistische Handbuch, Band XX, enthält genaue Nachweisungen, wie sich im Jahre 1900 die Staatseinnahmen und -ausgaben auf die Kronländer verteilen. Sie umfassen den größten Teil des Budgets, nur gewisse Posten sind nicht territorial ausgewiesen und wurden daher nach der Bevölkerungszahl verteilt. Als Resultat ergibt sich, daß Niederösterreich dem Staate 381,4 Millionen Kronen zahlte, aber nur 189,5 Millionen Kronen empfing. Wohin der Überschuß geleitet wurde, zeigen die Ziffern für Galizien, welches dem Staate 230,2 Millionen

Nach dem Berichte des Ersparungskommissars[1] betrug die Zahl aller Bundesangestellten bei Beginn der Sanierung am 1. Oktober 1922 in der Hoheitsverwaltung 75 690, in den wirtschaftlichen Betrieben 169 937. Hierzu kamen noch 32 661 Angestellte der (privaten) Südbahn und Aspangbahn, ferner 26 000 Angestellte der Stadt Wien und 23 000 Angestellte der Länder, wovon aber auch sehr viele in wirtschaftlichen Betrieben (Straßenbahnen, Elektrizitätswerke usw.) beschäftigt waren. Die Zahl der das Bundesbudget belastenden Pensionisten betrug 1921 86 890.

Der weitaus größte Teil der Staatsangestellten war also in produktiven Betrieben tätig; ein Umstand, der in der öffentlichen Diskussion lange wenig beachtet wurde. Sehr gering war die Zahl der akademisch gebildeten Beamten (Juristen, Techniker, Ärzte, Professoren); sie betrugen 1921 12 643, wovon etwa die Hälfte auf die Verwaltung kamen.

Es muß auch berücksichtigt werden, daß die Folgeerscheinungen des Krieges — Elend, Verwahrlosung, Verbrechen, Finanznot — in vielen Zweigen der Verwaltung eine Vermehrung der Beamten zur Bekämpfung dieser Übel erforderten, und daß in den Staatsbetrieben aller Länder der Achtstundentag zu einem starken Anwachsen der Arbeiter führte. Schließlich war sowohl in der Hoheitsverwaltung, als in den Betrieben ein beträchtlicher Teil der Angestellten nicht entsprechend ausgenutzt[2]. Dieser Umstand hat bekanntlich die Regierung bewogen, einen energischen Abbau der Angestelltenzahl zu einem Hauptpunkt des

---

Kronen leistete, aber 316,8 Millionen Kronen erhielt. Tatsächlich wurden nur 50 % der in Wien und Niederösterreich erhobenen Steuern und Abgaben auch dort wieder ausgegeben. Der Rest wurde verwendet, um den Ausfall wirtschaftlich rückständiger slawischer Provinzen zu decken. Natürlich stammte aber ein großer Teil der in Wien erhobenen Steuern aus Unternehmungen in den Kronländern, deren Zentrale in der Hauptstadt war.

[1] Vgl. die eingehenden Tabellen im Österreichischen Jahrbuch für 1923, S. 24 ff. — Die Daten stimmen mit den von mir für 1921 berechneten genau überein; vgl. meine erwähnte Schrift S. 13 ff.

[2] Hierüber habe ich in einer Reihe von Artikeln in der „Neuen Freien Presse" (vom 4. Januar 1922, 5., 6. und 9. Mai 1922) an Hand eines Vergleichs mit dem französischen und englischen Budget, ferner durch vergleichende Zusammenstellung der Leistungen pro Kopf auf den Bahnen, bei der Post usw., verschiedener Länder reiches Material veröffentlicht, das zum erstenmal ziffernmäßig genau nachwies, daß die Leistungen vielfach zu gering und die Beamtenzahl in manchen Zweigen wesentlich zu hoch war. Ich kam zu dem Resultat, daß die Angestelltenzahl um $1/4$ bis $1/3$ zu verringern wäre.

Sanierungsprogramms zu machen. Nach den letzten, bei Drucklegung dieses Aufsatzes vorliegenden Berichten des Generalkommissärs Dr. Zimmerman war bis Ende November 1924, also in rund zwei Jahren, die Zahl der Angestellten um 71 349 vermindert worden oder um zirka 29%, bis Ende März 1925 waren 73 719 Personen abgebaut, wozu noch 10 355 Angestellte der seit Beginn der Sanierung verstaatlichten Südbahn kamen, so daß ein Gesamtabbau von 84 074 resultierte. Ende März 1925 waren im Dienst: Hoheitsverwaltung: 55 408, Betriebe: 116 379, außerdem Südbahn: 20 921.

Da vorher, wie ich an anderer Stelle gezeigt habe, Frankreich bzw. England im Verhältnis zur Bevölkerung um 1/4 bzw. 1/3 weniger Beamte hatten, als Österreich, so dürfte durch diesen Abbau bei uns bereits ein normales Verhältnis erreicht sein. Natürlich kann auch der dichtere Verkehr entwickelterer Länder mit relativ weniger Angestellten bewältigt werden.

Eine genauere Erfassung der Produktivität Österreichs würde die Aufstellung einer Wirtschaftsbilanz erfordern, für die aber wichtige Vorarbeiten mangeln. Um nun wenigstens einen ungefähren Begriff der Struktur der österreichischen Volkswirtschaft zu geben, seien hier einige Daten angeführt. Sie beziehen sich auf die Zeit vor dem Kriege, das frühere Gebiet Österreichs und das damalige Preisniveau.

Was die industrielle Produktion anbelangt, so hat Dr. Friedrich Fellner[1] den Gesamtwert der fabrikmäßigen industriellen Produktion des damaligen Österreichs auf 9304 Mill. berechnet, wovon der Nettoproduktionswert (also die Werterhöhung, die die österreichische Arbeit an den Rohstoffen und Halbfabrikaten hervorbrachte) 4193 Mill. Kronen betrug. Seine gleichzeitigen Schätzungen für Ungarn stimmten mit den dortigen fabriksstatistischen Erhebungen sehr gut überein, so daß seine Methode hinlänglich verläßlich erscheint. Überdies kann ich eine neue

---

[1] Dr. Friedrich Fellner, Das Volkseinkommen Österreichs und Ungarns 1917. Trotz der bewunderungswürdigen Sorgfalt Fellners passieren ihm übrigens gelegentlich doch Verstöße. So führt er S. 96 einen Betrag als österreichisches Einkommen aus persönlichen Dienstleistungen an, der in Wirklichkeit wohl zum sehr großen Teil aus industriellen Gehalten und Löhnen besteht, weil er die Anlage der Personaleinkommensteuer offenbar nicht genügend beachtet hat. — Produktionsschätzungen für einzelne Industrien finden sich ferner in der ausgezeichneten Broschüre von Dr. Hudeczek: „Die Produktivkräfte Österreichs" und in den „Wirtschaftlichen Materialien über Deutschösterreich", herausgegeben von der Handels- und Gewerbekammer Wien 1919.

Bestätigung hierfür beibringen, nämlich einen Vergleich mit der englischen Produktionsstatistik. Während nach Fellners Resultaten auf den Kopf des österreichischen Arbeiters ein Produktionswert von 2735 Kronen berechnet werden kann, stellt sich nach der englischen Produktionsstatistik von 1907 dieser Wert auf 2448 Kronen und in Amerika auf Grund des Zensus auf 6448 Kronen[1].

Diese Berechnung bezieht sich aber nur auf die eigentliche Industrieproduktion. Den Nettoproduktionswert des österreichischen kleinen Handwerks schätzte Fellner auf 1470 Mill. Kronen. Hierzu kommt dann noch die Werterhöhung aller Güter aus Handel und Transport, die er auf 1941 Mill. Kronen veranschlagt.

Da die Fellnerschen Berechnungen sowohl in dieser Arbeit als auch sonst zur Grundlage weitreichender Schlüsse gemacht werden, verlohnt es sich, sie in einem wichtigen Punkt, nämlich in bezug auf das Einkommen aus Industrie, Gewerbe, Handel und Verkehr nachzuprüfen. Die Urproduktion ist ja wegen ihrer ausgebildeten Produktions- und Preisstatistik leichter zuverlässig zu bewerten. Ich habe nun für das Gebiet des früheren Österreich folgenden Vergleich mit der Berufszählung von 1910 und der Steuerstatistik von 1913 angestellt: Die Einkommensteuerstatistik wies für ganz Österreich 1 711 176 Zensiten (Haushaltungen) mit 5 099 593 Personen auf. Auf eine Haushaltung kamen also drei Personen. Nun war nach der letzten ausführlichen Steuerstatistik von 1903 der Anteil von Industrie, Gewerbe, Handel und Verkehr an der Zahl aller Zensiten 54,5%, während der Rest auf Landwirtschaft und „freie Berufe" (inkl. Beamte, Rentner usw.) entfiel. Somit würde sich für 1913 die Zahl der den untersuchten Berufen angehörigen Zensiten auf 932 495 stellen. Tatsächlich muß aber die Zahl größer gewesen sein, denn in der Zwischenzeit von zehn Jahren sind sehr viele industrielle Arbeiter in die Steuerpflicht aufgestiegen. Man darf wohl annehmen, daß auf Industrie, Gewerbe, Handel und Verkehr 1,2 Mill. Zensiten entfielen.

In den untersuchten Klassen wurden 5,2 Mill. Berufstätige oder mit den Angehörigen 11,1 Mill. Personen gezählt. Somit bleiben rund 4 Mill. Berufstätige übrig, die keine Einkommensteuer zahlten, weil ihr Einkommen unter das Minimum fiel.

Die Einkommensteuerstatistik weist ein Einkommen aus selbständigen Unternehmungen von 1932 Mill. aus. Hierin ist aber der Ertrag

---

[1] Vgl. Herschmann, Gewerbliche Produktionsstatistik, 1916.

Zahlungsbilanz und Lebensfähigkeit Österreichs.

der inländischen Aktiengesellschaften nicht eingeschlossen. Dieser Ertrag machte 349 Mill. aus, die dem Unternehmereinkommen zuzuzählen sind. Allerdings stecken hierin Doppelzählungen, da manche Aktiengesellschaften selbst Aktien anderer Gesellschaften besaßen (Banken). Renteneinkommen (Zinsen, Mieten u. dgl.) ist dagegen abgeleitet und kommt daher bei unserem Vergleich nicht in Betracht.

Das Einkommen an Löhnen und Gehalten gibt die Statistik mit 2739 Mill. an. In dieser Summe steckt aber ein großer Betrag von „abgeleitetem Einkommen", insbesondere Beamtengehältern, den wir bei einer Vergleichung mit dem berechneten Volkseinkommen ausscheiden müssen, um Doppelzählung zu vermeiden. Beamtengehälter und fast das ganze übrige Einkommen der liberalen Berufe bilden ja keinen selbständigen Teil des Volkseinkommens, sondern werden aus dem Einkommen der produzierenden Berufe bestritten. Im Jahre 1903 machten diese abgeleiteten Einkommen 646,11 Mill. aus. In den folgenden zehn Jahren hat sich nun das versteuerte Gesamteinkommen aller Berufe um 125% gehoben, während sich die Verwaltungsauslagen laut Budget um 105% steigerten. Somit kann man mit Sicherheit annehmen, daß die abgeleiteten Einkommen 1913 etwa 1300 Mill. ausmachten. Diesen Betrag ziehen wir von Löhnen und Gehalten ab.

Nun waren aber noch rund 4 Mill. Berufstätige übrig, die nicht zur Steuer herangezogen wurden, weil ihr Einkommen 1200 Kronen nicht erreichte. Nehmen wir an, daß sie durchschnittlich 1000 Kronen verdienten, was wohl selbst für Unverheiratete und Jugendliche überaus niedrig war, geschweige denn für Familienerhalter, so ergibt sich ein Einkommen von weiteren 4000 Mill. Somit erhalten wir folgende Tabelle (Bruttoeinkommen vor Steuerabzug) für das frühere Österreich:

selbständiges Unternehmereinkommen	1932 Millionen
Ertrag der Aktiengesellschaften	349 Millionen
Löhne und Gehälter (ohne öffentliche Beamte)	5439 Millionen
Summe:	7720 Millionen

F. Fellner hat den Ertrag dieser Zweige der Volkswirtschaft auf 7604 Mill. berechnet, was also mit unserem auf ganz anderem Wege gefundenen Ergebnis gut übereinstimmt. Allerdings ist aber zu beachten, daß das Unternehmereinkommen, das selbständig fatiert wird, von der Besteuerung gewöhnlich nicht voll erfaßt wird und daher mehr, als oben angegeben, betragen haben dürfte. Man kommt also zu dem Schluß, daß die Fellnersche Berechnung eher etwas zu niedrig ist. Immerhin ist die Übereinstimmung erstaunlich.

Es ist naheliegend, aus obigen Ziffern den Anteil von Kapital und Arbeit am Nationaleinkommen abzuleiten. Doch ist dies nicht ohne weiteres möglich. Das Einkommen aus selbständigen Unternehmungen umfaßt auch Einkommen von kleinen Handwerkern, Kaufleuten, Ärzten usw., das doch als Lohn aufzufassen ist, wie ja übrigens auch ein beträchtlicher Teil des Einkommens von Industriellen und Kaufleuten überhaupt. Andererseits floß sowohl ein Teil des Ertrages der Aktiengesellschaften in das Ausland und andererseits wurde Kapitaleinkommen aus dem Ausland hereinbezogen. Auch die Steuern, Mieten, Zinsen usw. sind zu berücksichtigen. —

Wir haben nun ermittelt, daß die Industrie des heutigen Deutschösterreich etwa ein Drittel der Produktion im früheren Österreich betrug. Der Umstand, daß hiervon ein beträchtlicher Teil auf Klein- und Mittelindustrie entfällt, ist nicht ungünstig, denn gerade diese Industrien produzieren hochwertige Erzeugnisse. Nehmen wir also ein Drittel als Quote an, so ergibt sich ein Erzeugungswert der Industrie der österreichischen Republik von etwa 3,1 Milliarden Friedenskronen, was bei heutigen Preisen bedeutend mehr ausmachen würde. Ich habe übrigens eine Liste der Produktionswerte zahlreicher deutschösterreichischer Industrien nach dem Stande von 1913 zusammengestellt, die auf Angaben von Fachmännern der betreffenden Branchen beruht. Diese Liste, die keineswegs erschöpfend ist, ergibt allein schon 2,5 Milliarden Friedenskronen. Man darf nun, da zwei ganz verschiedene Methoden, wie jene Fellners und meine Zusammenstellung, recht gut übereinstimmende Werte liefern, mit großer Sicherheit annehmen, daß der Erzeugungswert der Industrie Österreichs bei Vollbeschäftigung und nach Vorkriegspreisen mindestens 3,1 Milliarden Kronen, der Nettoproduktionswert aber rund 1400 Millionen Kronen betrug. Auch wenn man die Fellnersche Berechnung nach 14 Industriegruppen durchführt, also die besondere industrielle Ausstattung des neuen Österreich berücksichtigt, erhält man fast genau dieselbe Ziffer. Von dem Nettoproduktionswert des kleinen Handwerks, des Handels und Transportes, ist dem jetzigen Österreich ebenfalls mindestens $1/3$ gutzuschreiben, also weitere zirka 1140 Millionen Goldkronen Vorkriegswert. —

Hierbei sind weder die bedeutende Erweiterung der Produktion im

Kriege und nachher, noch die Brachlegung mancher Industrien durch den Frieden und die politischen Veränderungen in Rechnung gezogen.

Ferner hat Fellner den Reinertrag des österreichischen Ackerbaus auf 1615 Mill., jenen der Viehzucht auf 2000 Mill. berechnet. Im Hinblick darauf, daß die Republik etwa 16% der Ackerfläche des alten Österreichs und rund 30% der Grasfläche, sowie des Rinderstandes erhalten hat, kann man also den Reinertrag der Landwirtschaft des Bundesstaates auf ungefähr 860 Mill. veranschlagen. Zählt man den Wert der Holz-, Wein- und Obstproduktion, der Jagd und Fischerei hinzu, so kommt man wohl auf 1 Milliarde Vorkriegswert. Dies ist natürlich nur eine ganz ungefähre Schätzung. Schließlich ist der Wert der Bergbauproduktion des jetzt österreichischen Gebietes mit rund 76 Mill., oder nach Abzug der sachlichen Produktionskosten mit 60 Mill. Nettowert zu veranschlagen. Hierzu kommen noch der Wert der Hüttenproduktion und einige kleinere Posten.

Diese Hauptposten des Volkseinkommens ergeben also rund 3600 Mill. Goldkronen Vorkriegswert. Hierzu kommen dann noch die Erträge der im Ausland investierten Kapitalien, Sendungen der Auswanderer usw., abzüglich der analogen Passivposten. Diesbezüglich ist die Berechnung Fellners nicht zu verwerten, weil sich durch die Zerreißung des früheren Staates der Begriff „Ausland" geändert hat. Wir wollen aber 800 Mill. annehmen und erhalten dann einen Vorkriegswert des Volkseinkommens von rund 4400 Mill., was einem heutigen Wert von 6600 Mill. entsprechen würde. Auf den Kopf der Bevölkerung entfiel also ein Vorkriegswert von über 700 Kronen.

Es muß jedoch nochmals betont werden, daß erstens diese Schätzung vielfach nur auf ungefähren Annahmen beruht und zweitens Vollproduktion vorausgesetzt ist, wovon unsere Wirtschaft heute noch sehr entfernt ist.

Erwähnt sei noch, daß vor dem Kriege das Gebiet des heutigen Österreichs nach einer Berechnung des Finanzministeriums 504 Mill. Goldkronen oder etwa $1/6$ des Volkseinkommens an den wichtigsten Staatseinnahmen (direkte Steuern, Verzehrungssteuern, Gebühren und Tabak) aufbrachte. Das heutige Normalbudget ist ungefähr ebenso groß. Die Preissteigerung kommt also im Budget nicht zum Ausdruck, wird sich aber bei der tatsächlichen Gebahrung fühlbar machen.

Über den Wert der land- und forstwirtschaftlichen Produktion der

Republik Österreich wurden auch im Ackerbauministerium Berechnungen angestellt, die folgendes Ergebnis lieferten:

	Millionen Goldkronen
Tierische Produktion 1923 (ohne Dünger)	1040
Feldbau (1922)	427
Wein- und Obstbau	142
Holzproduktion	76
Summe:	1685

In obigen Zahlen ist die Düngerproduktion mit 114,6 Mill. Goldkronen und der Futterbau mit 411,2 Mill. Goldkronen nicht inbegriffen, da der Futterwert bereits in der tierischen Produktion und der Düngerwert bereits im Feldbau zum Ausdruck kommt. Ferner beziehen sich die Ziffern auf Jahre, deren Erträge noch wesentlich unter dem Friedensstand war. Die Preise waren aber teilweise schon wesentlich höher. Die Werte sind brutto zu verstehen, also ohne Abzug für Saatgut, Kunstdünger, Abnutzung der Maschinen und selbstverständlich inkl. Löhne. Ein Vergleich mit der Fellnerschen Berechnung läßt annehmen, daß diese wohl zu niedrig war.

Daß die industrielle Entwicklung des neuen Österreichs selbst in der Inflationszeit mit ihrer würgenden Kapitalknappheit nicht stillgestanden ist, ergibt sich aus nachfolgenden Ziffern (ohne Burgenland):

	Unfallversicherungspflichtige Betriebe	Darunter fabriksmäßige Betriebe
1919	56 189	6 283
1920	57 149	6 391
1921	60 311	6 915
1922	61 687	7 419
1923	62 972	7 645

Somit haben die unfallversicherungspflichtigen Betriebe, worunter hauptsächlich alle Betriebe mit motorischer Kraft fallen, um 6783 zugenommen, die fabriksmäßigen Betriebe (über 20 Arbeiter) um 1362. Die Zahl der Betriebe wies also ein sehr starkes Wachstum auf; allerdings handelte es sich aber meist um kleine Betriebe. Für das Jahr 1923 sind ferner noch 1597 bzw. 104 Betriebe hinzuzuzählen, die auf das neuerworbene Burgenland entfielen, so daß die Gesamtzahl 64 569 bzw. 7749 betrug. —

Die Zunahme fand hauptsächlich in der Holz-, Nahrungsmittel-

Textilindustrie und in der Elektrizitätserzeugung statt. Sie war teilweise die Folge der Zerreißung des Wirtschaftsgebietes, die überall den Wunsch auslöste, an Stelle der verlorenen Industrien, neue bodenständige zu schaffen. Die Währungsverhältnisse haben dies begünstigt, denn das Steigen der tschechischen Krone und das Fallen der österreichischen Währung gewährten der heimischen Produktion eine Prämie. Auch veranlaßte die rasche Geldentwertung viele Kapitalisten, sich möglichst Sachwerte zu verschaffen, und zu diesem Zwecke neue Betriebe zu gründen. — Bemerkenswert ist übrigens, daß von 1919 bis 1921 die Zahl der in Betrieb stehenden Dampfkessel zwar von 8842 auf 8909 zugenommen hat, die Heizfläche aber abnahm. Auch hierin äußerte sich die Umstellung nach dem Kriege. Wo immer möglich, suchte man natürlich Wasserkraft zu verwenden.

Übrigens ist zu bemerken, daß der Zuwachs nicht durchweg wirklich Neugründungen betrifft. Ein Handwerksbetrieb, der sich einen Motor anschafft, wird hierdurch unfallversicherungspflichtig, ein Kleinbetrieb, der die Arbeiterzahl auf 20 vermehrt, wird dann als Fabrik gezählt. Tatsächlich handelt es sich also vielfach um einen Aufstieg, nicht um einen Zuwachs.

Bezeichnenderweise ging in den ersten Nachkriegsjahren die Vermehrung der Betriebe mit einer starken Einschränkung der Arbeiterzahl einher. Hierin drückt sich wohl die starke Drosselung der Produktion wenigstens teilweise aus. Tatsächlich war sie ja viel stärker, da die Industrie den Arbeiterstand nicht ohne weiteres reduzieren durfte und wollte.

Die Zahl der gewerblichen gegen Unfall versicherten Arbeiter betrug auf dem Gebiet der Republik Österreich:

1913	zirka	771 729
1919	„	566 891
1920	„	668 753
1921	„	781 888

In den folgenden Jahren wurde die Arbeiterzahl nicht mehr erhoben. Die Zahl der geleisteten Arbeitstage stieg jedoch von 1921 bis 1922 von 204,7 Millionen auf 212,9 Millionen Tage.)

Erfreulicherweise überstieg bereits im Jahre 1921, also noch vor der Sanierung, die Zahl der Arbeiter den Friedensstand. Die stimulierende Wirkung der Geldentwertung auf die Produktion dürfte hierin zum Ausdruck kommen.

Alles bisher Gesagte zeigt nun wohl, daß die Vorstellung, das neue Österreich besitze nicht genügend Arbeitskräfte und Arbeitsmittel, um von seiner Arbeit leben zu können oder keinen Trieb zur Fortentwicklung, durchaus irrig war. Doch blieb noch die Frage offen, ob es Österreich auch möglich sein werde, diese Möglichkeiten auszunutzen. Die Verhältnisse in den ersten Nachkriegsjahren ließen dies sehr zweifelhaft erscheinen. Die Feindseligkeiten der neuen Staaten gegen Österreich und untereinander, sowie die allgemeine wirtschaftliche Kurzsichtigkeit und Engherzigkeit drosselten sowohl die Zufuhr von Kohle, Rohstoffen und Lebensmitteln, als die Ausfuhr österreichischer Waren. Österreich befand sich jahrelang in einem Zustande versteckter Blockade[1]. Die Produktion konnte teils dieser Absperrungen wegen, teils aus Kapitalsmangel und vielen anderen Gründen die Bevölkerung nicht ernähren. Dies führte zur Papiergeldwirtschaft und Geldentwertung. Die Geldentwertung verschärfte wieder die Absperrung in manigfacher Weise. Staaten mit besserer Währung suchten sich gegen Valuta-Dumping zu schützen. Viele suchten durch energische staatliche Reglementierung der Ein- und Ausfuhr ihre eigenen Währungsinteressen zu fördern, bereiteten aber damit dem Aufleben der Wirtschaft nur neue Hindernisse. Der überhitzte Nationalismus der ersten Nachkriegszeit war freieren Handelsbeziehungen überhaupt feindlich. Nationale Autarkie war die Losung, die auch mit Gründen der nationalen Sicherheit motiviert wurde. Auch die Notwendigkeit für die Einrichtung der neuen Staaten mit ihren enormen Heeresausgaben große Mittel aufzubringen, die natürlich hauptsächlich aus der Industrie herausgepreßt wurden, führte dazu, die Zölle möglichst hinaufzuschrauben, um der Industrie die Möglichkeit zu geben, steuerfähig zu bleiben und die Lasten teilweise auf die Konsumenten zu überwälzen. Oft noch ärger als die Höhe der Zölle waren aber die zahllosen Ein- und Ausfuhrverbote und sonstigen Beschränkungen, die überdies häufig geändert wurden.

Unter solchen Umständen schien selbst der beste Produktionsapparat wenig Gewähr für entsprechende Ausnutzung zu finden. Es dauerte Jahre, bis sich diese Schwierigkeiten allmählich abschwächten

---

[1] Ein drastisches Bild des ungeheuerlichen Protektionismus der meisten Nachfolgestaaten gibt eine Schrift von Oskar Berl: Die chinesische Mauer 1923. Dort finden sich für viele Branchen genaue Angaben der Zollsätze. Eine Belastung von 60—100% des Wertes ist ganz gewöhnlich. In vielen Fällen bestehen strikte Einfuhrverbote.

Zahlungsbilanz und Lebensfähigkeit Österreichs.

und selbst heute noch ist der Zustand im allgemeinen keineswegs befriedigend. Immerhin ist der Fortschritt doch ein sehr bedeutender.

Im Verlaufe der letzten Jahre hat sich nun die österreichische Handelsbilanz in ihren großen Zügen folgendermaßen entwickelt[1]:

	Werte in Millionen Goldkronen				
	1920	1921	1922	1923	1924
Spezialhandel und Veredelungsverkehr:					
Einfuhr	1 704	1 700	1 757	1 922	2 412
Ausfuhr	936	911	1 111	1 130	1 381
Defizit	768	789	646	793	1 032

Das durchschnittliche Jahresdefizit dieser fünf Jahre betrug also rund 800 Millionen Goldkronen.

Die nähere Zusammensetzung des Handels zeigt folgende Tabelle:

Der Außenhandel im Jahre 1923.

Gruppen des internationalen Warenverzeichnisses	Einfuhr		Ausfuhr	
	Menge in dz	Wert in 1000 G.-K.	Menge in dz	Wert in 1000 G.-K.
Insgesamt	77 000 500	1 922 276	22 124 107	1 130 376
darunter:				
I. Lebende Tiere	1 157 961	123 687	98 868	14 848
II. Nahrungsmittel und Getränke	12 600 809	500 960	413 301	16 671
III. a) Mineralische Brennstoffe	50 338 648	184 028	680 159	2 579
b) Andere Rohstoffe und einfach bearbeitete Waren	10 124 183	422 216	14 578 136	172 136
IV. Fertige Waren	2 778 532	689 476	6 352 411	916 584
V. Gold und Silber, auch gemünzt	367	1 909	1 232	7 558

Die meiste Aufmerksamkeit erregte natürlich das bedeutende Handelsdefizit, das zu lebhaften Diskussionen Anlaß gab. Nur wenige Stimmen vertraten den Grundsatz der orthodoxen Freihandelslehre,

---

[1] Über die Methode der österreichischen Handelsstatistik vgl. Memorandum on Balance of Payments and Foreign Trade Balances issued by the League of Nations 1924 vol. II. S. 20 ff. Zu bemerken ist, daß diese Ziffern einen sehr wichtigen Posten nicht enthalten, nämlich den sogenannten offenen Lagerverkehr. Hierunter versteht man die Einfuhr auf Lager, wobei erst später entschieden wird, ob die Ware im Inlande bleibt, oder wieder ausgeführt wird. Diesen Verkehr erfaßt unsere Statistik unter „sonstiger Vormerkverkehr". Ausweise hierüber wurden schon seit sehr langer Zeit nicht publiziert, sind aber in Bearbeitung. Ich konnte feststellen, daß es sich hier in manchen Artikeln um bedeutende Beträge handelt, die unserer Ausfuhr zuzuzählen sind.

daß die Handelsbilanz überhaupt keine besondere Bedeutung besitze, ja daß die Passivität eher noch als günstiges Symptom zu werten sei, weil schließlich kein Land mehr kaufen könne, als es zu bezahlen vermöge und das Defizit daher durch große unsichtbare Einnahmen beglichen worden sein müsse. Solche unsichtbare Einnahmen ließen sich in ausreichendem Maße durchaus nicht auffinden. Selbst die optimistischsten Beurteiler wagten es nicht, diese Zuflüsse der Zahlungsbilanz auf 800 oder 1000 Millionen Goldkronen zu schätzen. Der Hinweis darauf, daß nach der Stillegung der Notenpresse Ende 1922 ein großer Kapitalimport, hauptsächlich eine Rückwanderung des während der Inflation ins Ausland übertragenen österreichischen Kapitals eingesetzt habe, war kein durchschlagendes Argument. Denn Kapitalimporte konnten wohl die Aktivität des Devisenmarktes erklären, aber nicht in vollem Ausmaß die Deckung des Handelsdefizits. Die nach Österreich gebrachten Kapitalien wurden doch nicht einfach zur Bezahlung der aus dem Auslande importierten Konsumgüter verwendet. Teilweise war dies wohl der Fall. Industrien kauften damit Rohstoffe oder bezahlten ihre Arbeiter, für deren Konsum Lebensmittel eingeführt werden mußten. Aber diesen Importen mußten doch entsprechende Exporte gegenüberstehen, wenigstens bis zu einem gewissen Grad.

Die meisten Stimmen beurteilten die Höhe des Handelsdefizits als ungünstiges, ja bedrohliches Symptom[1].

Hier möchte ich auf gewisse Zweifel hinweisen, die mir bezüglich der Richtigkeit der Handelsstatistik aufgestiegen sind. Ich habe nämlich die österreichische und die tschechoslowakische Handelsstatistik vergleichen lassen, die auf derselben Klassifikation beruhen, also leicht vergleichbar sind. Während aber Tschechoslowakien die Werte durch Deklaration des Absenders feststellt, hat Österreich bisher an dem System der Schätzung durch Sachverständige festgehalten. Seit Oktober 1924 wendet aber auch Österreich die Wertdeklaration an. Jeder Artikel, der aus dem einen Land in das andere ausgeführt wird, erscheint in beiden Statistiken; einmal in der Ausfuhr und einmal in der Einfuhr. Theoretisch müßten nun die Werte per Gewichtseinheit übereinstimmen, da sie beide an der Grenze und ohne Zoll berechnet sind. Tatsächlich ergeben sich aber viele sehr große und unerklärliche Differenzen, die bis zum Doppelten und Dreifachen gehen. Im allgemeinen scheint die Ten-

---

[1] Auch ich habe diesen Standpunkt vertreten, habe aber dann auf Grund neuen Materials mein Urteil abgeschwächt und nehme heute eine Mittelstellung ein.

denz zu bestehen, die eigene Einfuhr zu überwerten und die eigene Ausfuhr zu unterwerten. Zahlreiche ziffernmäßige Vergleiche finden sich in meinem Aufsatz im "Neuen Wiener Tagblatt" vom 18. Januar 1925: "Ist unsere Handelsbilanz richtig?" —

Jene Volkswirte, die die Lebensfähigkeit Österreichs verneinen, sehen in der Höhe des Handelsdefizits eine Bekräftigung ihrer Auffassung. Aber auch viele andere zogen pessimistische Schlüsse und erblickten die Ursache in Unterproduktion und Überkonsum, in dem Mißverhältnis zwischen Erzeugung und Verbrauch. Auch Generalkommissär Dr. Zimmerman, der die Finanzkontrolle über Österreich ausübt, vertrat diesen Standpunkt mit großem Nachdruck[1]. Im Zusammenhang mit seiner Auffassung, daß Österreich hauptsächlich durch Ersparungen saniert werden müsse, hob er besonders den Überkonsum hervor, der unbedingt eingeschränkt werden müsse, und er sprach von der "fieberhaften Genußsucht" der Österreicher, die durch die Aufwertungshausse hervorgerufen worden sei. Der richtige Kern dieser Mahnung war gewiß nicht zu unterschätzen. Doch konnte sie leicht mißdeutet werden.

Bei aller Ablehnung übertriebener Schwarzseherei scheint mir die Höhe des Handelsdefizits doch darauf hinzuweisen, daß Einkommen und Konsum noch nicht ganz ins Gleichgewicht gekommen sind, daß also das Handelsdefizit der letzten Jahre teilweise aus Vermögen, durch Kapitalsaufzehrung gedeckt wurde. Für die ersten Jahre nach dem Kriege ist dies ja selbstverständlich und bedarf kaum eines besonderen Nachweises. Auch viele andere, wirtschaftlich stärkere Staaten wiesen dieselbe Erscheinung auf. Der Krieg hatte eben zu einer allgemeinen Lähmung und Desorganisation der Produktion und des Austausches geführt. Die für den Export verfügbaren Überschüsse der eigenen Wirtschaft waren gering, andererseits bestand ein sehr großer Importbedarf zur Ernährung der hungernden Massen und zum wirtschaftlichen Wiederaufbau. Selbst ausgesprochene Agrarländer produzierten keine Überschüsse an Nahrungsmitteln für den Export, sondern mußten solche aus Amerika einführen und in schwerer Valuta bezahlen. In Österreich waren diese Verhältnisse besonders ungünstig, weil die neue Republik mit fruchtbarem Boden und Rohstoffen recht schlecht ausgestattet war und durch die plötzliche Zerreißung der altgewohnten Wirtschaftseinheit mit den Nachbargebieten in die bedrängteste Lage

---

[1] Vgl. seinen 12., 13. und 14. Monatsbericht.

versetzt wurde. Der völlige Zusammenbruch der Währung war unter diesen Verhältnissen unvermeidlich und die hierdurch bewirkte Vernichtung des flüssigen Kapitals bereitete der Produktion neue, fast unüberwindliche Schwierigkeiten. Angesichts dieser Hemmnisse erscheint es fast wunderbar, daß die österreichische Industrie so rasch in solchem Ausmaße in Betrieb gesetzt werden konnte und bald auch einen beträchtlichen Export aufwies.

Die Handelsbilanz der ersten Jahre nach dem Kriege wies einige Besonderheiten auf. Zunächst ist zu bemerken, daß die tatsächliche Einfuhr größer war, als die statistisch ausgewiesene. Die Statistik umfaßt nämlich nicht gewisse wohltätige Zuwendungen, Liebesgaben u. dgl., die in jenen Hungerjahren eine große Rolle spielten. Die furchtbare Notlage Österreichs erweckte in der ganzen Welt Mitgefühl. Vor allem in Amerika und England entstand eine großartige Hilfsbewegung. Ganz Österreich wurde mit einem Netz amerikanischer Kinderausspeisungen überzogen, die Quäker (Society of Friends) entfalteten eine überaus segensreiche Tätigkeit, aber auch die Schweiz, Holland, die nordischen Reiche, Deutschland, Italien, Frankreich, Südamerika, ja nach und nach die meisten Staaten der Welt trugen zur Linderung des Elends bei. Die großen amerikanischen und englischen Organisationen, die bedeutende staatliche Zuschüsse erhielten, wirkten übrigens auch ähnlich in den Nachbarländern. Ferner strömten ungezählte Liebesgabenpakete und Geldsendungen nach Österreich, die statistisch nicht erfaßbar sind. Schließlich wurden durch mehrere Jahre hindurch sehr zahlreiche österreichische Kinder vom Ausland zu längerem Aufenthalt aufgenommen. Nachfolgende Tabelle zeigt die Zahl der ins Ausland gebrachten österreichischen Kinder und die Liebesgabensendungen (mit Ausnahme der American Relief Administration), soweit für sie Frachtbegünstigung in Anspruch genommen wurde:

	Waggons	Kinder
1919 } ...	120	35 450
1920		123 520
1921 ...	1 206	42 705
1922 ...	405	25 351
1923 ...	187	20 424
Summe:	1 918	247 450

Aus den Ausweisen der American Relief Administration ist ersichtlich, daß 1919—1923 ein Waggon Liebesgaben durchschnittlich

12 000 Goldkronen wert war. Wenn dies auch für die anderen Sendungen gilt, so ergibt sich ein Betrag von 24 Mill. Goldkronen.

Nach einer Erhebung des amerikanischen Konsulats bei den vier größten dieser Organisationen betrug der Wert der Lebensmittel, Kleidungsstücke und Medikamente, die sie in den vier Jahren 1919—1922 nach Österreich brachten[1]:

	Goldkronen
American Relief Administration	64,5 Millionen
Amerikanisches Rotes Kreuz	mindestens 100 Millionen
Joint Distribution Committee	5 Millionen
Society of Friends	20 Millionen

Bloß diese vier Posten machen also 189,5 Mill. Goldkronen aus, wovon nur ungefähr 50 Mill. in der Importstatistik enthalten sind[1]. Diese karitativen Importe belasten die Zahlungsbilanz nicht und erscheinen daher auch größtenteils nicht in der Handelsstatistik. Ohne sie wäre aber das Handelspassivum noch größer gewesen.

Sobald übrigens Österreich halbwegs wieder zu Kräften gekommen war, bemühte es sich seinerseits notleidenden Völkern zu Hilfe zu kommen. Noch vor der eigenen Sanierung brachte Österreich eine nicht unbeträchtliche Summe für die Hungernden in Rußland auf. Als dann der Zusammenbruch der Markwährung eintrat (1923) entstanden viele Hilfsaktionen für Deutschland. Von Mai 1923 bis Ende 1924 fanden 27 953 reichsdeutsche Kinder in Österreich Aufnahme. Es wurden ferner 648 000 Goldkronen in bar und 1 512 000 Goldkronen in Liebespaketen nach Deutschland gesandt.

Übrigens dürften auch die Exporte in den ersten Jahren größer gewesen sein, als amtlich ausgewiesen. Die Angst vor sozialem Umsturz und andere Motive bewogen viele reiche Leute, Wertgegenstände, Juwelen, Kunstgegenstände usw. ins Ausland zu bringen, wobei häufig illegale Wege beschritten wurden. Der Schmuggel blühte. Gelegentlich wurde er selbst unter der Flagge fremder diplomatischer Missionen betrieben.

Die Höhe der Einfuhr in den folgenden Jahren ist teilweise auch aus der Notwendigkeit zu erklären, die durch den Krieg aufs äußerste

---

[1] In der Ziffer von 189,5 Mill. Kronen sind die von Amerika auf Grund besonderer Kredite an Österreich gelieferten Lebensmittel nicht eingeschlossen. Wohl aber enthalten die Leistungen der American Relief Administration die Dollarpakete, die von Privatpersonen in Amerika nach Österreich durch Vermittlung der A.R.A. gesendet wurden.

abgenutzten Anlagen der Industrie zu erneuern, die Umstellung von Kriegs= auf Friedensproduktion durchzuführen und die Lager aufzufüllen.

Das Jahr 1923 brachte die große Aufwertungshausse. Maßlose Spekulation und Genußsucht gaben ihm das charakteristische Gepräge. Gleichzeitig schwoll auch das Handelsdefizit von 646 Mill. Goldkronen auf 793 Mill. an. Die öffentliche Meinung legte natürlich der Luxuseinfuhr eine sehr hohe Bedeutung bei. Doch habe ich aus der Handelsstatistik nachgewiesen, daß ihr Einfluß auf die Handelsbilanz überschätzt wurde[1]. Allerdings müßte aber der direkten Luxuseinfuhr noch die indirekte zugezählt werden. Auch der Bau jedes im Inland hergestellten Luxusautos und jeder Villa, jede prunkvolle Bankeinrichtung, jedes inländische Vergnügungsunternehmen bedingen einen gewissen Import von Massengütern, nämlich von Rohstoffen und Kohle, von Lebensmitteln für die Arbeiter und Angestellten. Wenn man die Bedeutung des Luxuskonsums für die Handelsbilanz erfassen will, müßte man also auch die Höhe der inländischen Luxusproduktion berücksichtigen, soweit hierfür Importe erfordert sind. An der eben angeführten Stelle habe ich versucht, einige Anhaltspunkte für die Schätzung des Luxuskonsums überhaupt zu gewinnen, und zwar auf Grund der Wiener Gemeindeluxussteuern. Die damalige Luxussteuer, die allerdings fast alle besseren Waren, selbst Grabsteine, erfaßte und nur die billigsten Massengüter freiließ, läßt für 1923 auf einen Wiener Konsum von 60 Mill. Goldkronen schließen, die Abgabe auf Luxusrestaurants, Konzertcafés, Bars, Weinschenken u. dgl. auf einen Umsatz von etwa 32 Mill., die Lustbarkeitsabgabe (Theater, Konzerte, Kino, Sport) auf einen solchen von etwa 18 Mill. Die Betriebskosten sämtlicher Privatautos, die natürlich keineswegs bloß als Luxus aufzufassen waren, betrugen etwa 16 Mill. Wenn man also dem Begriff „Luxus" die weiteste Ausdehnung gibt, so kann man für das Aufschwungsjahr 1923, das eine Zeit größter Bereicherung und übertriebener Ausgaben war, für Wien einen Luxuskonsum von etwa 100 bis 120 Mill. Goldkronen an=

---

[1] Neue Freie Presse vom 7. März 1924. Ich habe dort für 1923 gezeigt, daß die Einfuhr an feineren Nahrungs= und Genußmitteln nur einen geringen Betrag ausmachte. Bedeutend war die Einfuhr feinerer Bekleidungsgegenstände (zirka 140 Mill. Goldkronen); die Ausfuhr war aber beinahe ebenso groß. Offenbar handelte es sich um großen Teil um Veredlungsexport der Wiener Konfektionsindustrie.

Ganz überwiegend war die Ausfuhr in der Gruppe aller sonstigen feineren Industrieprodukte, ferner auch in Automobilen und dazu gehörigen Artikeln.

nehmen. Hiervon wurde aber ein beträchtlicher Teil von Fremden konsumiert[1].

Immerhin ist zweifellos, daß der Luxus dieses Spekulations=
jahres auch zu einer nicht unbeträchtlichen Aufzehrung von Volksver=
mögen geführt hat. Das Börsenspiel ergriff die breiteren Schichten und
es entstanden mühelos zahllose große und kleine Vermögen. Die
meisten Nutznießer dieser Konjunktur verschleuderten sofort einen Teil
ihres Gewinnes und es war natürlich, daß auch die Massen den An=
spruch erhoben, ihre Lebensführung zu verbessern. Noch größere
Summen wurden in Unternehmungen hineingesteckt, die sich später
nicht als lebensfähig erwiesen. Kurz, es wurde auf mannigfaltige
Weise Kapital aufgezehrt, das teilweise zur Bezahlung von Importen
ins Ausland floß, woher es vielfach eben erst hereingebracht worden
war, um zur Spekulation, Investion oder zu Krediten verwertet zu

---

[1] Sehr bemerkenswert ist übrigens, daß auch im Jahre 1924, das eine schwere wirtschaftliche Krise brachte, sowohl die Löhne als der Luxuskonsum bedeutende Steigerungen aufwiesen, wie aus folgender Entwicklung einiger Wiener Gemeindeabgaben hervorgeht (in Milliarden Kronen, 1 Milliarde = 72 000 Goldkronen)

	Ertrag 1923	Vor= anschlag 1924	Ertrag der ersten drei Quartale 1924	Vor= anschlag 1925
Fürsorgeabgabe (früher 4 1/4 %, jetzt 4 1/16 % aller Löhne, 8 1/2 % der Ge= hälter von Bankbeamten)	423	450	532	600
Nahrungsmittelabgabe (15 % des Kon= sums in Luxusbetrieben)	68,8	60	101	120
Lustbarkeitsabgabe (10 % bis 50 % von allen Unterhaltungen, im Durchschnitt etwa 33 %)	85,7	70	110	120
Fremdenzimmerabgabe (30 %)	35,2	28	50,1	45

Die Steigerungen gehen allerdings teilweise auf schärfere Erfassung zurück. — Die Löhne waren übrigens keineswegs besonders hoch. Auf Grund der Fürsorge= abgabe ergibt sich, daß im Jahre 1924 die Angestellten der Wiener Banken 118,5 Millionen Goldkronen Gehalt erhielten, alle übrigen Arbeiter und Angestellten in Industrie, Handel, Gewerbe und Verkehr 862 Millionen Goldkronen. Nun betrug 1922 die Zahl der Krankenversicherten in Wien 624 231. Diese Ziffer dürfte sich nicht geändert haben. So erhält man für 1924 auf den Kopf einen Durchschnittslohn von 1570 Goldkronen per Jahr oder 131 Gold= kronen per Monat. Hierin sind aber schon die teilweise hochbezahlten Bank= beamten usw. inbegriffen. — Für Deutschland schätzte die Reichsregierung auf Grund der Lohnsteuer Anfang 1925 den Durchschnittslohn auf 1675 Mark, also etwa 28 % höher als in Österreich.

werden. Diese Verluste trafen sowohl das Ausland, als das Inland. Im Jahre 1924 erfolgten sehr zahlreiche Zusammenbrüche von Banken und anderen Unternehmungen, wobei auch ausländische Gläubiger und Partner stark in Mitleidenschaft gezogen wurden. Vielfach handelte es sich um Warenkredite ausländischer Gläubiger, die dann notleidend wurden. Ein beträchtlicher Teil der verlorenen Summen ist also direkt oder indirekt zur Bezahlung von Auslandsimporten verwendet worden. Ein Teil des Handelsdefizits wird hierdurch erklärt.

Als Index für den allgemeinen Konsum kann vielleicht der Tabakverbrauch angeführt werden. Auf dem Gebiet des heutigen Österreich wurden 1913 115,16 Mill. Goldkronen für Tabak ausgegeben, während das Budget für 1924 einen Inlandsverbrauch von 168 Mill. Goldkronen und das Budget 1925 sogar einen solchen von 182 Millionen vorsah, oder 50% mehr als vor dem Krieg. Allerdings ist auch die Preissteigerung zu berücksichtigen. An Gewicht entfiel 1913 auf den Kopf ein Tabakkonsum von 1820 g; Anfang 1924 wurde der Konsum auf 1730 g angegeben und aus der Handelsstatistik ergab sich für 1923 sogar eine Einfuhr von 2000 g pro Kopf. Der italienische Begutachter unseres Tabakmonopols hat festgestellt, daß in den reicheren Gegenden Italiens, insbesonders in der Lombardei, nur 750 g Tabak pro Kopf konsumiert wird, also kaum die Hälfte unseres Verbrauchs. Unser durchschnittlicher Alkoholkonsum betrug rund 1,1 Mill. Hektoliter Wein, über 3 Mill. Hektoliter Bier und 134000 Hektoliter Branntwein, was für eine Bevölkerung von 6,5 Millionen reichlich viel ist. Nach einem Referat des städtischen Wohlfahrtsreferenten Prof. Tandler ist in Wien die Zahl der geistigen Erkrankungen infolge Alkoholismus in den letzten Jahren beträchtlich gestiegen und nähert sich der Vorkriegsziffer. Die Statistik der Biererzeugung zeigt, daß in den letzten Jahren die höhergrädigen Biere die billigen Sorten ganz zurückgedrängt haben. Der Zuckerkonsum machte auf unserem Gebiet vor dem Krieg 20,8 kg Weißzucker pro Kopf aus, 1923 nahezu 20 kg[1]. —

Das auffällige Anschwellen der Importe im letzten Quartal 1923 und in der ersten Hälfte 1924 hing mit der Erhöhung der Warenumsatzsteuer und der Zölle zusammen, die viele Kaufleute und Industrielle

---

[1] Nach der Rede des Handelsministers vom 15. Jan. 1925 betrug die Biererzeugung über 70% der Vorkriegsproduktion. Sehr erfreulich war die Steigerung der heimischen Zuckerproduktion. Während 1922/23 nur 20% des österreichischen Zuckerbedarfs durch Eigenproduktion gedeckt wurden, waren es 1924 zwischen 50 und 60%.

veranlaßte, ihre Lager noch vorher aufzufüllen. Die Gesetzwerdung und das Inkrafttreten des neuen Zolltarifs verzögerte sich bedeutend und die Zwischenzeit wurde von den Importeuren dazu ausgenützt, große Gütermengen zu den alten billigeren Zöllen einzuführen und auf Lager zu legen. Auch die mißglückte Frankenspekulation dieses Jahres trug zum Anschwellen der Einfuhr bei, da während der starken Baisse des französischen Franken im Frühjahr 1924 viele Spekulanten Waren aus Frankreich bestellten und den Gegenwert in Hoffnung weiterer Rückgänge nicht rechtzeitig eindeckten.

Wir haben nunmehr die Ausfuhr zu betrachten. Offenbar hat gerade die Inflation, die der Produktion so schwere Wunden schlug, gleichzeitig auch einen Anreiz zur Entwicklung der Ausfuhr ausgeübt. Da Löhne und andere Produktionskosten dem Fall der Währung nicht sofort in vollem Ausmaße folgten, entstand eine bedeutende Prämie für jene Industrien und Händler, die den Weg zum Weltmarkt fanden. Zeitweise nahm dieser Export die Formen eines „Ausverkaufes" an. Man verkaufte mit großem Gewinn, aber dieser Gewinn und das Kapital dazu zerrannen durch den fortschreitenden Währungssturz sofort, wenn sie nicht in konstanter Währung oder Sachwerten angelegt waren. Die meisten Unternehmungen waren trotz buchmäßiger großer Inflationsgewinne nicht imstande, ihr Kapital intakt zu erhalten. Es fand eine ungeheure Kapitalsaufzehrung, eine Verschleuderung von Volksvermögen ins Ausland, ein Raubbau an der Volkswirtschaft statt. Merkwürdigerweise waren sich selbst erfahrene Volkswirte und Finanzpolitiker hierüber nicht klar und verteidigten die Inflation als produktionsfördernd. Sie hielten auch aus sozialen Rücksichten zähe an dem System der staatlichen Lebensmittelzuschüsse und sonstiger staatlicher Leistungen (Eisenbahnen, Post, Monopole) tief unter den Selbstkosten fest, obwohl dies am allermeisten zur Zerrüttung der Finanzen beitrug, da der Staat hierdurch zur unausgesetzten Steigerung der Banknotenproduktion gezwungen wurde. Überdies verleitete dieses System künstlicher Niedrighaltung aller Preise, Tarife und Steuern die Industrie zu falscher Kalkulation und verschärfte die Absperrungspolitik, da sich die anderen Staaten gegen das Valutadumping zu schützen suchten. Die Preise der Exportwaren deckten vielfach nicht die wirklichen Erzeugungskosten. Der Verlust wurde aber durch die erwähnten Mittel auf die Allgemeinheit übergewälzt. Als dann nach Einsetzen der Sanierung und Stillegung der Notenpresse Ende 1922 die

Inflationsprämie wegfiel und eine bedeutende Arbeitslosigkeit auftrat, führte dies zu heftiger Kritik an dem Sanierungswerk.

Wenn wir den Wert der Ausfuhr per Tonne von Monat zu Monat verfolgen könnten, so würde sich zeigen, daß besonders in der ersten Zeit der Inflation die Preise mit der Geldentwertung nicht Schritt hielten. Dies ist nicht möglich. Folgende Übersicht gestattet aber eine andere Schlußfolgerung:

	1920	1921	1922	1923
Wert der Ausfuhr per Tonne in Goldkronen	677	584	498	508
Weltmarktspreisniveau (Index-Nummer des „Statist")	251	155	131	130

Es zeigt sich also, daß die österreichische Ausfuhr den großen Preisfall von 1920 auf 1921 nur in sehr abgeschwächtem Maße mitgemacht hat. Offenbar war die Ausfuhr 1920 noch sehr unterwertet und der Preisrückgang auf dem Weltmarkt hat dann trotz fortschreitender Inflation die Annäherung der Preise an das Weltmarktsniveau erleichtert. Es könnte sich natürlich auch die Zusammensetzung der Ausfuhr geändert haben.

Die Entwicklung der Ausfuhr litt sehr unter den Produktionsschwierigkeiten der ersten Nachkriegsjahre. Als Gradmesser der Entwicklung sei bloß die Produktion von Roheisen in Steiermark angeführt:

	Tonnen
1913	586 600
1916	637 800
1918	318 700
1919	61 880
1920	99 766
1921	226 000
1922	323 000
1923	344 100

Der Beschäftigungsgrad der Industrie wurde Mitte 1923 von der Wiener Arbeiterkammer auf ungefähr 48 bis 60% der Friedenskapazität geschätzt. Die Ausnutzung der vollen Leistungsfähigkeit stellte sich nach Erhebungen des Handelsministeriums folgendermaßen (in %):

(Siehe Tabelle auf Seite 33.)

Wenn man annimmt, daß die österreichische Industrie in letzter Zeit etwa ⅔ ihrer vollen Kapazität ausnutzen konnte, was aber zweifel-

	Mitte 1923	Anfang 1924
Eisen- und Stahlwerke	40	37—45
Maschinenindustrie	40	40—45
Lokomotivindustrie	—	36—40
Waggonbauindustrie	—	30—38
Automobil- und Fahrradindustrie	50	40—45
Eisenwaren- und Metallindustrie	30—60	35—40
Elektrotechnische Industrie	50	45—50
Lederindustrie (Fabriken)	50	80—85
Schuhindustrie	—	50
Textilindustrie	30—60	60—75
Papierindustrie	76—80	75—80
Holz	70	—
Chemische Industrie	70—80	—
Glas	20	

los zu optimistisch ist[1], so würde dies bei einer früher berechneten Produktionsfähigkeit von 4,5 Milliarden Goldkronen einen Ausfall von 1,5 Milliarden ausmachen. Selbst wenn nun die Mehrproduktion einer solchen Gütermenge eine Mehreinfuhr von Rohstoffen im Ausmaß von 50% des Fertigwertes bedingen würde, was aber zu hoch ist, so würde sich noch immer ein Nettomehrwert ergeben, der fast das ganze Defizit der Handelsbilanz aufwiegen würde, und der der Verbesserung der Lebenshaltung zugute kommen würde.

Auch in der Landwirtschaft hat die Produktion das Friedensniveau noch nicht erreicht. Wenn man den Durchschnitt der Getreide- und Kartoffelernten 1912 und 1913 mit dem Durchschnitt von 1922 und 1923 vergleicht, so ergibt sich auf Grund der Preise von 1923 ein Ausfall von 1752 Milliarden Kronen oder etwa 123 Mill. Goldkronen. Wenn also unsere Landwirtschaft nur so viel an Getreide und Kartoffeln produziert hätte, als vor dem Kriege, so hätte dies die Einfuhr von Lebensmitteln im Werte von 123 Mill. Goldkronen erspart. In der Viehproduktion ist die Differenz wesentlich geringer, denn das Defizit an Rindern ist wenigstens der Stückzahl nach nicht sehr bedeutend, und der Rückgang an Schweinen wird durch den Zuwachs an Schafen und Ziegen ungefähr aufgehoben.

Wir haben nun die unsichtbaren Posten der Zahlungsbilanz zu erörtern. —

Der Friedensvertrag hatte Österreich auch die Verpflichtung auferlegt, eine Anzahl von Kommissionen zur Überwachung seiner Durch-

---

[1] Die letzten Daten enthält die schon erwähnte Rede des Handelsministers, die am 16. Jan. 1925 in den Blättern veröffentlicht wurde.

führung zu erhalten, was nicht unbeträchtliche Kosten verursachte. Allerdings wurde dieses Geld wohl meist wieder im Lande ausgegeben, belastete also die Zahlungsbilanz nicht. Ebenso kommen die Beträge wenig in Betracht, die für den Unterhalt österreichischer amtlicher Vertreter und Vergnügungsreisender im Auslande ausgegeben wurden. Unvergleichlich größer waren unsere Einnahmen aus dem Fremdenverkehr, worauf wir später eingehender zurückkommen. Ziemlich große Beträge hatte die Industrie aufzuwenden, um ihre durch den Krieg zerstörte Auslandsorganisation wieder aufzubauen, also durch Aussendung von Reisenden, Gründung von Vertretungen im Ausland u. dgl.

Die Nettoeinnahmen aus dem Auswandererverkehr (Geldsendungen abzüglich der mitgenommenen Beträge) beliefen sich vor dem Kriege für die Österreich-Ungarische Monarchie nach den Erhebungen von Bartsch auf rund 400 Mill. Goldkronen jährlich. Von der Zahl der Auswanderer entfiel aber nur etwa die Hälfte auf das alte Österreich, und hiervon wieder nur etwa 7% auf das gegenwärtige österreichische Gebiet. Daher schätzt Dr. Rudolf Riemer die jetzigen österreichischen Einnahmen aus Geldsendungen der Auswanderer auf etwa 14 Mill. Goldkronen jährlich. Hierin sind aber Auswanderer nach europäischen Ländern nicht enthalten. In den vier Jahren 1919 bis 1922 betrug nach Erhebungen des amerikanischen Konsulats die Zahl der Auswanderer aus Österreich zusammen rund 46 000, wovon etwa die Hälfte nach Übersee gingen. Im Jahre 1923 wanderten rund 15 000 Österreicher nach Übersee aus. Das amerikanische Konsulat hat überdies beobachtet, daß die Geldentwertung viele Auswanderer bewogen hat, nach Österreich zurückzukehren und die billigen Preise von Land, Häusern usw. dazu zu benutzen, sich anzukaufen. Was Saisonarbeiter anbelangt, hat Österreich wohl mehr an das Ausland zu zahlen als umgekehrt. Doch fällt dies nicht besonders ins Gewicht. Alle Staaten sperren sich heute möglichst gegen fremde Arbeitskräfte ab. Nicht unbeträchtlich sind die Einnahmen österreichischer Komponisten, Schriftsteller, Schauspieler, Virtuosen, Filmdarsteller, Ärzte, Ingenieure usw., die persönlich oder durch ihre Werke mit dem Auslande in Verbindung traten. Doch steht dem natürlich ein entsprechender Gegenposten gegenüber.

Die größte Bedeutung für die Zahlungsbilanz hatten und haben natürlich die Zuflüsse aus den Erträgen des im Auslande, insbesondere in den Nachbarstaaten, angelegten österreichischen Kapitals, ferner aus dem Transithandel, Durchzugsverkehr, dem internationalem Bankgeschäft, Versicherungswesen usw. Allerdings waren besonders die Kapitalserträge lange durch Sequestrationen usw. sehr beschränkt. Auch erfordert die Schätzung dieser Beträge umfangreiche Berechnungen, weshalb wir sie auf später verschieben. Diesen Beträgen stehen ebenfalls bedeutende Verpflichtungen Österreichs an das Ausland gegenüber. Insbesondere ist es die Verzinsung und Tilgung der Völkerbundanleihe von 1923 und einiger anderer Valutaschulden, wofür im Budget 1925 der Betrag von 1204,96 Mill. Kronen oder rund 84 Mill. Goldkronen eingestellt sind. Wieviel an Zinsen privater Kredite und an Dividenden ins Ausland fließen, läßt sich nicht abschätzen; doch müssen es beträchtliche Summen sein. —

Die letzterwähnten Posten führen uns zu den Kapitalsübertragungen, die seit Kriegsende einen sehr bedeutenden Umfang gehabt haben. Sie kamen überwiegend der Aktivseite der Zahlungsbilanz zugute. Lediglich die Abstattung der öffentlichen und privaten Vorkriegsschulden, die nach dem Friedensvertrag in Goldwert zu valorisieren waren, belastete die Zahlungsbilanz. Es wurden jedoch nachträglich zahlreiche Abmachungen getroffen, durch die diese Verpflichtung gemildert wurde, indem Nachlässe, Stundungen und Umwandlungen in Beteiligungen gewährt wurden. Auch wurden Vorkriegsschulden vielfach gegen Aktiven, die in den früheren feindlichen Ländern beschlagnahmt worden waren, verrechnet. Bis Ende 1924 wurden zwischen englischen Gläubigern und österreichischen Vorkriegsschuldnern Vergleiche in der Höhe von 4 Mill. £ geschlossen. Hiervon wurden aber mindestens drei Viertel durch Aufnahme neuer Kredite konvertiert. Etwa 10% wurden mit sequestrierten österreichischen Forderungen an englische Schuldner kompensiert. Kaum 1/2 Mill. £ wurden in bar bezahlt. Mit Frankreich, Belgien, Italien wurden ebenfalls viele Vergleiche geschlossen. Doch wurden sie durchwegs mit sequestrierten österreichischen Aktiven kompensiert, belasteten also die Zahlungsbilanz nicht. — In der Zeit der größten Bedrängnis (1919 bis 1922) wurden ferner Österreich seitens anderer Staaten sehr bedeutende Kredite zur Verfügung gestellt, um eine soziale Katastrophe zu verhüten. Diese Notstandskredite (Relief Credits) dienten hauptsächlich zur Anschaffung von Lebensmitteln und Rohstoffen, Heimbeförderung von Kriegsgefangenen u. dgl. Sie beliefen sich auf 557 Mill. Schweizer Franken, wovon die Vereinigten Staaten 378 Mill., England 118 Mill., die Niederlande

33,5 Mill., die Schweiz 24 Mill. beisteuerten. Kleinere Beträge gewährten die skandinavischen Staaten, ferner bürgte Italien den Vereinigten Staaten für 84 Mill. Franken. Diese Kredite wurden dann durch Einverständnis sämtlicher Regierungen ab 1. Januar 1923 auf 20 Jahre gestundet. Im Budget 1925 erscheinen sie mit dem Betrag von 7887,6 Mill. Kronen oder rund 552 Mill. Goldkronen. Sie sind während der Stundung unverzinslich. Außerdem aber wurden Österreich 1922 und 1923 von mehreren Staaten noch eine Reihe weiterer Kredite und Vorschüsse in der Höhe von rund 250 Mill. Goldkronen gewährt, die dann aus dem Erträgnis der großen Völkerbundanleihe zurückgezahlt wurden. Die Völkerbundanleihe brachte insgesamt 612 Mill. Goldkronen und nach Abzug der Spesen 585 Mill. ein, wovon 259 Mill. zur Tilgung der eben erwähnten Kredite und Vorschüsse verwendet, 326 Mill. aber zur Verfügung des Generalkommissärs des Völkerbundes, Dr. Zimmerman, der die Finanzkontrolle über Österreich ausübte, gestellt wurden[1].

Die Notstandskredite sind natürlich ausgegeben worden; sie decken also einen Teil des Handelsdefizits. Auch für einen Teil der anderen Kredite gilt dies, aber nicht für die Gesamtheit. Die unerwartet günstige Entwicklung der Staatseinnahmen führte dazu, daß nur ein Teil des Erlöses zur Deckung des Defizits in Anspruch genommen wurde. Von einem Nettoergebnis der Völkerbundanleihe (nach Rückzahlung der Vorschüsse) von rund 65 Mill. Dollar waren Ende November 1924 noch 42,4 Mill. Dollar vorhanden, wovon der größte Teil in Österreich angelegt war[2]. Ende März 1925 waren noch 34,1 Millionen Dollar vorhanden. Überdies wurde der von der Schweiz gewährte Kredit von 20 Mill. Franken noch nicht in Anspruch genommen. Die von 1919 bis 1923 erhaltenen und ausgegebenen Notstandskredite betrugen also ca. 811 Mill. Goldkronen, wozu noch rund 114 Mill. Goldkronen zu rechnen sind, die in den ersten zwei Jahren des Sanierungswerkes (bis Ende 1924) zur Deckung des Budgetdefizits verwendet wurden. Das durchschnittliche Passivum der Handelsbilanz 1919 bis 1923 betrug, wie früher bemerkt, rund 800 Mill. Goldkronen.

Zu diesen staatlichen Krediten kommen nun sehr hohe Kapitalsimporte, die nach der Stabilisierung der Krone Ende 1922 einsetzten.

---

[1] Vgl. die genauen Angaben im 16. Bericht des Generalkommissärs vom 9. Juli 1923.

[2] Vgl. die Monatsberichte des Generalkommissärs.

Ein großer Teil des österreichischen Kapitals, das ins Ausland geflüchtet war, kehrte zurück. Das Ausland selbst trat als Käufer österreichischer Effekten und Kreditgeber auf. Aus diesen Transaktionen müssen der Zahlungsbilanz enorme Summen zugeflossen sein, wie auch aus der sehr reichlichen Versorgung des Devisenmarktes zu entnehmen war. Hiervon läßt sich nur ein Teil statistisch erfassen. Die Österreichische Nationalbank, die Anfang 1923 mit einem Metallschatz von rund 83,6 Mill. Goldkronen ins Leben trat, wies am 31. Dezember 1924 — also nach einem Jahr heftigster Krise! — 339 Mill. Goldkronen aus, abgesehen von den unter „sonstigen Aktiven" gebuchten Devisen und Valuten.

Die Kapitalserhöhungen und Neugründungen von österreichischen Aktiengesellschaften, des Bankwesens, der Industrie und des Bergbaues[1] (aber ohne Handel und Verkehr) betrugen nach einer von mir veranlaßten Berechnung in den Jahren 1922 und 1923 insgesamt 196,6 Mill. Goldkronen, wobei die den Unternehmungen zugewachsenen Mittel nach dem Tageskurse der Emission in Goldkronen umgerechnet wurden. Dies ist aber nur ein Teil des investierten Kapitals[2]. Gleichzeitig habe ich auf Grund der Bilanzstatistik der österreichischen Aktiengesellschaften der Vorkriegszeit berechnet, daß die gesamte Industrie des derzeitigen Österreich einen Betriebsfonds von rund 2000 Mill. Goldkronen benötigt, wovon heute gewiß noch ein sehr bedeutender Teil fehlt[3].

Zu den Kapitalsübertragungen sind ferner noch solche spekulativer Natur zu rechnen. In den ersten Jahren wurden teils legal, teils illegal große Mengen von Papierkronen ins Ausland geschafft. Insbesondere der Kronenschmuggel nahm trotz aller Kontrolle großen Umfang an. Hierdurch erwarben Österreicher Devisen und sonstige fremde Werte, die früher oder später der Aktivseite der Zahlungsbilanz zufließen

---

[1] Nach Ausscheidung der Unternehmungen, deren Betriebe im Ausland lagen, da ja das entsprechende Kapital nicht nach Österreich floß.

[2] Ein großer Teil des Kapitals wurde anders als durch Aktienemission gedeckt. Allein die Kapitalinvestition in Wasserkraftanlagen 1921—1924 wird auf etwa 200 Mill. Goldkronen geschätzt, wovon 2/3 im Inlande aufgebracht wurden. Von den seit 1921 in Angriff genommenen Wasserkraftanlagen waren bis Ende 1924 zirka 150 000 PS vollendet und weitere 70 000 PS in Bau. Dies bedeutet eine jährliche Kohlenersparnis von 800 000 Tonnen oder rund 35 Mill. Goldkronen.

[3] Vgl. meinen Artikel über den Kapitalsbedarf der österreichischen Industrie in der Neuen Freien Presse vom 5. Jan. 1924.

mußten. In vielen Fällen entstanden hierdurch spekulative Valuta=
gewinne. Sofern das Ausland die erhaltenen Kronen sofort wieder
zum Erwerb österreichischer Sachwerte benutzte, die vielfach dann zur
Ausfuhr gelangten, erwuchs ihm hieraus kein Verlust. Jene Ausländer
aber, die die Kronen unbenutzt liegen ließen, verloren natürlich. Doch
wurde im allgemeinen das Ausland wohl durch Gewinne aus dem
großen Ausverkauf reichlich entschädigt. Die Inlandspreise waren ja
in Gold berechnet lange Zeit überaus niedrig und Scharen von Aus=
ländern überschwemmten damals Österreich, um für schwere Valuta
alle möglichen Güter zu erwerben. Eine Abschätzung dieser Verluste
und Gewinne ist nicht möglich. — Im Frühjahr 1924 beteiligten sich
Wiener Finanzkreise lebhaft an Baisseoperationen in französischen
Franken, die mit einem schweren Verlust endigten. Soweit diese Ge=
schäfte an der Börse getätigt wurden, ergab sich nach amtlicher Er=
hebung ein Verlustsaldo von 59,8 Mill. französischen Franken, die von
April bis Juli 1924 bezahlt wurden. Doch belastete keineswegs dieser
ganze Betrag die österreichische Zahlungsbilanz, denn einerseits waren
hieran sehr viele tschechoslowakische, polnische, jugoslawische und italie=
nische Firmen beteiligt, die ihre Spekulation in Wien ausführten, und
andererseits machten auch manche Wiener Kommissionäre in verschie=
dener Weise Gewinne, die in obiger Summe eingeschlossen sind. Aller=
dings war aber der Verlust aus der Frankenspekulation noch größer,
da viele Geschäfte nicht an der Börse abgewickelt wurden.

Schließlich erwarb das Ausland, besonders in der ersten Zeit der
Sanierung, große Mengen österreichischer Wertpapiere zu sehr billigen
Kursen, die es später zum Teil mit großem Nutzen nach Österreich zurück=
verkaufte. Auch aus solchen Operationen dürften der Zahlungsbilanz
Lasten erwachsen sein.

Die Bedeutung des Fremdenverkehrs für die Zahlungsbilanz[1].

Zur Beurteilung unserer Zahlungsbilanz ist die Abschätzung der
Zuflüsse aus dem Fremdenverkehr von großer Bedeutung. Leider war
es bisher fast unmöglich, sich ein halbwegs sicheres Bild von der Höhe
dieser Einnahmen zu machen. Sie wurden manchmal außerordentlich
hoch veranschlagt, von anderer Seite wieder sehr niedrig. Man wußte

---

[1] Zuerst erschienen im „Neuen Wiener Tagblatt" vom 15. und 16. April 1924.

zwar die Zahl der Fremden, die in Wien in Hotels und Pensionen abstiegen, aber ihre Aufenthaltsdauer wurde nicht erhoben. Im vorigen Jahr hat nun das Bundesamt für Statistik eine Anzahl wichtiger Daten zusammengestellt, die sich auch auf die Provinz beziehen, und die in den „Statistischen Nachrichten" Nr. 4 von 1923 veröffentlicht wurden. Der gesamte Fremdenverkehr Österreichs, soweit er in Gasthöfen angemeldete Fremde umfaßt, betrug hiernach 1922 ungefähr 2 444 000, wovon etwa 56% auf Österreicher und 44% — also über eine Million — auf Ausländer entfielen. Der Wiener Fremdenverkehr belief sich in demselben Jahr auf rund 440 000, wovon 330 000 Ausländer waren. Somit machten die Ausländer in Wien 75% des gesamten Verkehrs aus.

Einer Mitteilung des Zentralmeldungsamtes der Polizeidirektion entnehme ich, daß in Wien im Jahre 1923 insgesamt 471 881 Fremde gemeldet wurden, wovon 343 888 Ausländer waren[1]. Die Ausländer bildeten also 73% aller Fremden. Von ihnen stiegen 286 157 in Hotels ab, 2804 in Pensionen, 2041 in Sanatorien und 52 886 in Privatwohnungen. Aus diesen Ziffern läßt sich nun die wirtschaftliche Bedeutung des Fremdenverkehrs abschätzen, wenn wir die durchschnittliche Aufenthaltsdauer ermitteln. Hierüber wurden kürzlich zum erstenmal amtliche Ziffern bekanntgegeben, die in den „Statistischen Nachrichten" Nr. 2 von 1924 abgedruckt sind, und aus denen sich mit ziemlicher Sicherheit berechnen läßt, daß die durchschnittliche Aufenthaltsdauer eines Ausländers in Hotels sich auf 4,8 Tage belief. In Pensionen und Sanatorien stellte sich der Durchschnitt viel höher, nämlich auf 22 Tage. Für jene Fremden, die in Privatwohnungen Quartier nahmen, fehlen analoge Daten.

Somit würde sich für jene Ausländer, die in Wiener Hotels abstiegen, für das ganze Jahr 1923 eine Summe von 1 373 554 Aufenthaltstagen ergeben. Die durchschnittlichen Ausgaben der Fremden lassen sich nun nur ungefähr abschätzen. Offenbar kann man weder den Aufwand eines hochvalutarischen Ausländers in einem Luxushotel noch den eines zugewanderten Arbeiters oder eines Flüchtlings zugrunde legen. Der Durchschnitt liegt vielleicht in der Nähe des Aufwandes eines Geschäftsreisenden. Man nahm 1923/24 im allgemeinen an, daß ein Handlungsreisender etwa 200 000 Kronen im Tag brauche, wobei aber

---

[1] Diese Ziffer enthält auch die in Privatwohnungen Gemeldeten, die sonst gewöhnlich nicht ausgewiesen werden.

Eisenbahnfahrt usw. nur im minimalsten Ausmaß berücksichtigt waren. Ferner läßt sich aus dem Erträgnis der städtischen Fremdenzimmerabgabe berechnen, daß der durchschnittliche tägliche Zimmerpreis zirka 3,2 Goldkronen betrug. Somit darf man schließen, daß Miete, Verpflegung und kleine Auslagen sich durchschnittlich auf 10 Goldkronen beliefen. Auch die Ausgaben für Eisenbahnfahrt kann man schätzen, wenn man für die in der Statistik nach dem Herkunftsland ausgewiesenen Fremden typische Reisewege annimmt, wenn man also z. B. für alle Reichsdeutschen den Weg Passau—Wien und retour, für alle Jugoslawen und Italiener die Strecke Spielfeld—Wien und retour zugrunde legt usw.; wobei für Angehörige schwachvalutarischer Länder der Durchschnitt von zweiter und dritter Klasse und von Personen- und Schnellzug, für andere der Durchschnitt erster und zweiter Klasse veranschlagt wurde. Man kommt dann zu einem Betrag von 19 Goldkronen pro Ausländer oder 4 Kronen pro Tag, was man mit Rücksicht auf Gepäck wohl auf 5 Kronen aufrunden darf. Somit ist es gewiß nicht zu hoch gegriffen, wenn wir die durchschnittlichen Auslagen eines im Hotel wohnenden Ausländers für Hotelzimmer, Verpflegung, Eisenbahnfahrt, sonstige Fahrten usw. mit 15 Goldkronen täglich annehmen. Hiernach würden sich also für diese Kategorie im Jahre 1923 Auslagen von 20,6 Mill. Goldkronen ergeben.

Der Aufenthalt in Pensionen inkl. Nebenkosten schätzen wir auf 10 Goldkronen pro Tag, jenen in Sanatorien auf 20 Goldkronen, wozu wir noch einen Betrag von rund 1 Mill. Goldkronen für Operationen u. dgl. zählen. Man erhält dann eine Summe von rund 2,5 Mill. Goldkronen. Eine große Schwierigkeit bildet dagegen die Zahl der in Privatwohnungen beherbergten Ausländer. Viele hiervon dürften als Gäste aufzufassen sein, so befanden sich Anfang 1924 z. B. zahlreiche Kinder aus Deutschland in Wien. Diese kommen also für die Zahlungsbilanz nicht in Betracht. Ebensowenig zählen jene Ausländer, die ihr Einkommen nicht aus dem Ausland beziehen, sondern ihr Brot in Wien verdienen, z. B. als Arbeiter, Angestellte, Sprachlehrer. Die Meldungsstatistik kann natürlich dauernd und vorübergehend in Wien Weilende nicht trennen. Ferner dürften unter jenen Ausländern, die in Privatwohnungen absteigen, zahlreiche Studenten und andere weniger bemittelte Fremde sein. Allerdings ist dafür wieder die Aufenthaltsdauer von Studierenden eine lange. An den sieben Wiener Hochschulen studierten 1923 durchschnittlich 5675 ausländische Studenten, hiervon

2947 an der Universität, 1081 an der Hochschule für Welthandel und 887 an der Technik. Bei Annahme eines achtmonatigen Aufenthaltes ergeben sich 1362000 Verpflegungstage, die man mit Rücksicht auf sonstige Studierende (an Privatanstalten usw.) auf 1½ Mill. abrunden kann. Die Lebensführung der Studenten ist meist sehr niedrig, andererseits ist das Studium für Ausländer heute ziemlich teuer. Es kostet im allgemeinen fünfmal mehr als für Inländer. Ab Sommersemester 1924 dürfte ein Ausländer an der Universität an Studien- und Prüfungsgebühren durchschnittlich 1½ Mill. Kronen pro Semester entrichtet haben oder nahezu eine Goldkrone pro Tag. Wenn wir also sämtliche täglichen Auslagen eines Studenten samt Reise mit vier Goldkronen annehmen, so kommen wir zu einer Gesamteinnahme von 6 Mill. Goldkronen.

Nebenbei sei bemerkt, daß im Wintersemester 1912-13 an der Wiener Universität allein 5468 Studenten aus den heute ausländischen Gebieten studierten. Die Zahl der ausländischen Studenten an der Wiener Universität ist also gegenüber der Vorkriegszeit fast auf die Hälfte zurückgegangen, während die Gesamtzahl der Studierenden fast genau gleich geblieben ist (9905 gegen 9902 Hörer). Dies ist eine höchst bedenkliche Erscheinung, die vom wirtschaftlichen Standpunkt und im Hinblick auf die internationale Stellung Österreichs nur sehr bedauert werden muß.

Nach Abzug der Studenten verbleiben noch rund 46000 Fremde, die in Privatwohnungen logierten. Doppelzählung infolge Wohnungswechsels spielt heute eine geringe Rolle. Die meisten dieser Fremden dürften wohl einen großen Teil des Jahres in Wien wohnen. Es würde sich also eine sehr große Zahl von Verpflegstagen ergeben; doch ist aus den früher angeführten Gründen eine Schätzung der Bedeutung für die Zahlungsbilanz unmöglich. Es scheint auch, daß viele Ausländer, die in Privatwohnungen logieren, bei kurzem Aufenthalt sich gar nicht melden. Man kommt zu diesem Schluß, wenn man die Monate, in denen die Wiener Messe stattfindet, mit den benachbarten Monaten vergleicht. Der auf etwa 25000 geschätzte Zuzug von Ausländern spiegelt sich in der Bewegung der Anmeldungen nur in sehr geringem Maß wieder. Nehmen wir an, daß aus diesem Anlaß etwa 20000 Fremde unangemeldet in Wien weilen, so ergibt sich bei zweimaligem Stattfinden der Messe, viertägigem Aufenthalt und 15 Kronen Tagesaufwand ein Zufluß von 2,4 Mill. Kronen. Die Einkäufe auf der Messe gehören aber nicht auf dieses Konto, da sie ja wohl in den Exportziffern aufscheinen. Insgesamt belaufen sich also die bisher für Wien ermittelten Einkünfte aus dem Fremdenverkehr auf zirka 31,5 Mill. Goldkronen. Hierin sind aber größere Luxusausgaben, Vergnügungen, Einkäufe noch nicht eingerechnet, sondern nur die knapp bemessenen Lebenskosten und unentbehrlichen Auslagen.

Für die anderen Bundesländer liegen uns leider nur überaus dürftige Anhaltspunkte vor. Wir wissen nicht einmal, ob die für Wien ermittelte durchschnittliche Aufenthaltsdauer auch für sie gilt; vermutlich dürfte sie in den Sommerfrischen höher sein. Wie bereits eingangs erwähnt, wurde 1922 die Zahl der Ausländer, die in Hotels abstiegen, für ganz Österreich auf 1 075 360 geschätzt, wovon 330 000 auf Wien entfielen. Der Ausländerverkehr der Provinz wäre also, soweit Hotels in Betracht kommen, 2,2 mal größer als jener Wiens.

Zu einem sehr ähnlichen Resultat gelangt man, wenn man die Vorkriegsstatistik vergleicht. Im Statistischen Handbuch für 1914 (33. Jahrgang) findet sich auf Seite 64 der Fremdenverkehr aller Orte mit mehr als 10 000 Fremden im Jahre 1913 ausgewiesen, worin also die vielen kleinen Sommerfrischen nicht inbegriffen sind. Wenn man nur die Altausländer berücksichtigt, so verhielt sich Wien zu den anderen Bundesländern wie 1:2,5. Der Gesamtfremdenverkehr aber verhielt sich nur wie 1:1,7. Der Grund liegt darin, daß in der Provinz der Hauptverkehr auf die Grenzzonen entfiel, wo die Ausländer (meist Reichsdeutsche) relativ stärker vertreten waren als in Wien. So hatte Innsbruck fast ebenso viele Altausländer zu verzeichnen als Wien, nämlich 104 977 gegen 109 055! Wir wissen nicht, ob für diesen Grenzverkehr die für Wien ermittelte durchschnittliche Aufenthaltsdauer gilt, und ob das für die Hotelfremden berechnete Verhältnis auch für die sonstigen Fremden Anwendung finden kann. Auch in der Provinz wohnen natürlich viele Fremde nicht in Hotels, sondern in Privatwohnungen, Villen usw. Es muß ferner berücksichtigt werden, daß die Lebenskosten in der Provinz wesentlich billiger sind als in Wien, auch fehlen dort jene zahlreichen, der Heilung, dem Vergnügen, Unterricht usw. gewidmeten Stätten, die in Wien für unsere Zahlungsbilanz ins Gewicht fallen. Jagd, Fischerei, Sport bieten teilweise Ersatz. Schließlich ist bei dem großen Überwiegen des Grenzverkehrs die Einnahme der Bahnen geringer zu schätzen als aus dem Wiener Ausländerverkehr. Aus allen diesen Gründen möchte ich den Ertrag des Verkehrs von

Ausländern in der Provinz nicht höher als mit 10 Goldkronen pro Tag annehmen, was bei 4,8 tägigem Aufenthalt rund 36 Mill. Goldkronen ergeben würde. Hierzu kann man wohl noch 10 Mill. für den sonstigen Verkehr in Privathäusern usw. schlagen.

Endlich wären dann noch Extraauslagen für Vergnügungen, Anschaffungen usw. für den österreichischen Gesamtverkehr anzusetzen, da die bisherigen Ziffern recht knapp bemessen waren. Die großen Einkäufe erscheinen natürlich in der Handelsstatistik; als Einkünfte aus dem Fremdenverkehr können nur jene Kleinigkeiten gerechnet werden, die man bequem im Koffer mitnimmt, ohne Zollplackereien bei der Heimkehr oder Durchreise befürchten zu müssen. Zur Berechnung dieser Aufwendungen fehlen freilich alle Anhaltspunkte. Wenn aber in ganz Österreich nur jeder zehnte Ausländer 100 Goldkronen für solche Zwecke ausgibt, so würde dies 10 Mill. Goldkronen ausmachen. Dies dürfte eine mäßige Schätzung sein.

Alle Posten zusammengerechnet ergibt sich also eine Summe von 87,5 Mill. Goldkronen, die als Bruttoertrag aus dem Ausländerverkehr in ganz Österreich nach dem jetzigen Stande angesehen werden können. Diese Schätzung sucht auch den Verkehr außerhalb der Hotels zu erfassen, den die offizielle Statistik nicht ausweist.

Eine gewisse Kontrolle dieser Berechnung ist auf folgende Weise möglich: Die Fremden machen ihre Ausgaben in Kronen, die sie größtenteils in österreichischen Wechselstuben einwechseln. Natürlich bringen die meisten auch schon kleinere Kronenbeträge aus dem Auslande mit, und manche verschaffen sich die Mittel für ihren Aufenthalt auf andere Weise. Aber der Hauptbetrag geht doch durch die Wechselstuben. Andererseits fließen den Wechselstuben Devisen auch aus anderen Quellen zu, und sie haben auch österreichischen Reisenden ins Ausland kleinere Beträge an Auslandsvaluta zu verschaffen. Nun betrug 1923 nach Angabe der österreichischen Nationalbank der Aktivsaldo aus dem Wechselstubenverkehr 18 955 000 Dollars oder rund 95 Mill. Goldkronen. Somit ergibt sich eine starke Übereinstimmung mit der von uns berechneten Einnahme aus dem Fremdenverkehr. Die anderen Posten dürften sich ungefähr kompensieren.

Einen gewissen Maßstab zur Beurteilung unserer Schätzung bietet uns die Schweiz, wo der Schweizer Hotelierverein Einnahmen und Reingewinn aus dem Fremdenverkehr genau ausweist. Nach der letzten amtlichen Publikation „La Suisse économique et sa Législation sociale", 1922, herausgegeben vom eidgenössischen volkswirtschaftlichen Departement, Seite 183, betrug die Einnahme aus dem Fremdenverkehr in Hotels 1912 etwa 260 bis 270 Mill. Franken, einschließlich Fahrtauslagen und sonstiger kleiner Spesen. Dies macht rund 12 Franken pro Tag und Kopf. Die analoge Ziffer für Österreich 1923 stellt sich auf 69 Mill., wobei noch die Indexsteigerung gegenüber der Vorkriegszeit zu berücksichtigen wäre. Die Zahl der Fremden ist aus der Schweizer Statistik nicht vollständig zu entnehmen. Doch wissen wir, daß die Zahl der Hotelbetten vor dem Kriege in der Schweiz 168 625, auf dem heutigen Gebiete Österreich rund 152 000 betrug. Die Zahl der verfügbaren Betten war also ungefähr gleich, während die Einnahme in der Schweiz nahezu viermal größer war! Dies erklärt sich z. T. aus der größeren Dichte des Verkehrs, also der besseren Ausnutzung der vorhandenen Hotels, der längeren Saison, bzw. dem Bestehen einer Wintersaison. Unsere österreichischen Fremdenorte leiden vielfach unter klimatischen Verhältnissen, die die Saison sehr einschränken. Ferner ist das Reisepublikum der Schweiz natürlich ungleich zahlungskräftiger. In Österreich entsprechen nur wenige Hotels den Ansprüchen von Engländern oder Amerikanern, und es geschieht auch noch viel zu wenig, um sie ins Land zu ziehen. Bemerkt sei übrigens, daß trotz der günstigen Voraussetzungen in der Schweiz die Rentabilität der Hotels nach der Statistik des Hotelierbereins schon vor dem Kriege eine sehr unbefriedigende war.

Der Vergleich mit der Schweiz legt aber doch nahe, daß der Ertrag des österreichischen Fremdenverkehrs vielleicht noch höher zu schätzen wäre als auf 87,5 Mill. Goldkronen. Diese Ziffer dürfte als Minimalbetrag zu betrachten sein. Sodann muß berücksichtigt werden, daß die Schweizer Ziffer sich auf die Vorkriegszeit bezieht, in der auch der österreichische Fremdenverkehr noch bedeutend größer war. Bloß die Zahl der Hotelfremden belief sich in Wien in den letzten Jahren vor dem Kriege fast stets über 600 000, im Jahre 1912 auf 613 773, wozu nebenbei in diesem Jahre noch 80 000 Teilnehmer am Eucharistischen Kongreß kamen, die in Privathäusern und Massenquartieren untergebracht wurden. In den letzten Jahren dagegen betrug die Zahl der Hotelfremden nur etwas über 400 000, im Jahre 1923 414 150. Somit ist anzunehmen, daß eine Rückkehr zu normalen Verhältnissen allein schon den Ertrag des Wiener Fremdenverkehrs um ungefähr die Hälfte steigern würde.

Wenn für den Provinzverkehr dasselbe Verhältnis angenommen

werden darf, so würde sich bei Rückkehr zu Vorkriegsverhältnissen und jetzigen Preisen der Ertrag des österreichischen Fremdenverkehrs auf rund 130 Millionen Goldkronen erhöhen. Dies wäre immerhin schon die Hälfte der Schweizer Einnahmen, wenn der Unterschied im Preisniveau nicht berücksichtigt wird. Da aber der Schweizer Vorkriegsverkehr bei heutigen Preisen einen viel höheren Betrag abwerfen würde, so kann man annehmen, daß der österreichische Fremdenverkehr selbst bei Erreichung des Vorkriegsniveaus nur etwa ein Drittel der Schweizer Einnahmen liefern würde. Dies zeigt, wie außerordentlich steigerungsfähig unser Fremdenverkehr noch ist und wie sehr er zur Verbesserung der Zahlungsbilanz beitragen könnte.

Der Aktivseite des Fremdenverkehrs steht freilich eine beträchtliche Passivseite gegenüber. Auf ihr wären die Ausgaben von Österreichern im Auslande zu buchen, also die Kosten von Geschäfts-, Vergnügungs- und Erholungsreisen. Zur Abschätzung dieser Beträge fehlen aber derzeit alle Daten. Aus den Zahlen der Legitimationskarten für Handlungsreisende, der Paßvisen usw. ließen sich allenfalls, obzwar sehr unsichere, Schlüsse ziehen, wenn sie bekannt wären. Dagegen gehören der beiderseitige Auswandererverkehr, der Erwerb von Künstlern im Ausland und ähnliche Posten nicht zur Bilanz des Fremdenverkehrs.

Aus dem Gesagten geht hervor, daß unsere Fremdenverkehrsstatistik recht unvollständig und unsicher ist. Dabei verursacht sie ziemlich viel Arbeit, da der Verkehr in den Bundesländern von den lokalen Polizeibehörden erhoben wird und die Sammlung an einer zentralen Stelle daher langsam und mühsam vor sich geht. Man könnte aber leicht eine ganz zuverlässige und vollständige Statistik schaffen, wenn die Zahl der ein- und ausreisenden In- und Ausländer bei der Paßkontrolle in den Grenzstationen notiert würde. Man müßte bloß in den Paß einen kleinen, an einem Ende gummierten Papierstreifen einkleben, auf dem das Datum der Grenzüberschreitung vermerkt wird, und bei der Rückkehr wäre neuerlich das Datum einzutragen oder einzustempeln und der Zettel dann an die Zentrale zu leiten. Gleichzeitig könnte auch die Wagenklasse notiert werden. Dieser ganze Vorgang würde die Paßabfertigung keineswegs verzögern, besonders wenn die Zettel schon bei Ausstellung oder Vidierung der Pässe eingeklebt würden. Man hätte dann nicht nur die genaue Zahl der Tage, die sämtliche Fremden in Österreich zugebracht haben, sondern man wäre nach der Wagenklasse imstande, auch die soziale Kategorie und hiernach den durchschnittlichen Aufwand zu beurteilen. Schließlich würde dieser Vorgang uns auch genau unterrichten, wie viele Tage Österreicher außerhalb des Landes zugebracht haben, was für die Beurteilung unserer Zahlungsbilanz wichtig ist, sich aber heute ganz der Beobachtung entzieht.

Das Einkommen aus auswärtigen Kapitalsanlagen.

Einen der wichtigsten Posten der Zahlungsbilanz bilden die Erträge des im Auslande investierten österreichischen Kapitals und aus sonstigem Besitz. Ihre statistische Erfassung galt bisher als unmöglich. Ich habe nun eine solche Schätzung versucht[1], die sich auf den Vorkriegsstand bezieht und hieraus Schlüsse auf die Gegenwart abzuleiten sucht.

Die Grundlagen unserer Wirtschaft waren ja schon vor dem Kriege gegeben. Schon damals hatte das jetzige Gebiet Österreichs offenbar eine passive Handelsbilanz gegenüber den anderen Kronländern, und man kann die Frage stellen, wie das Passivum damals gedeckt wurde. Diese Frage läßt sich wenigstens teilweise beantworten, wenn wir die Statistik der Personaleinkommensteuer für 1913 mit anderen ziffermäßigen Angaben kombinieren[2]. Wir können dann feststellen, welches Einkommen aus Industrie, Handel, freien Berufen und einem Teile der Landwirtschaft auf dem heutigen Gebiete Österreichs einbekannt und wieviel hiervon auf diesem Gebiete erzeugt wurde. Die Differenz muß offenbar größtenteils industrielles Einkommen darstellen, das aus dem Territorium der jetzigen Nationalstaaten sowie aus anderen Ländern nach dem jetzigen Österreich bezogen wurde. Ferner stecken in ihr auch Bruchteile von anderem Einkommen, das teils aus jenen Gebieten, teils aus dem damaligen Auslande, herrührte,

---

[1] Zuerst erschienen in der Neuen Freien Presse vom 21. und 22. Mai 1924. Einige Änderungen in den Ziffern erklären sich aus genaueren Ermittlungen, sowie daraus, daß der Anteil Neu-Österreichs an der Industrie Alt-Österreichs höher angenommen wurde, um jede Überschätzung der Zuflüsse aus anderen Staaten zu vermeiden. Sie dürften also nachstehend eher unterschätzt sein.

[2] Die Steuerstatistik findet sich im Österreichischen Statistischen Handbuch, XXXIII. Jahrg. Wien 1916 und ausführlicher in den Mitteilungen des k. k. Finanzministeriums, XXI. Band. — Ferner existiert eine eingehende Verarbeitung der Steuerdaten nach Beruf, sozialer Stellung usw., die zuletzt 1908 erschien und die Daten für 1903 gibt. Auf diese Publikation muß man gelegentlich zurückgreifen; vgl. „Beiträge zur Statistik der Personaleinkommensteuer in den Jahren 1903 bis 1907, 2 Bände, 1908".

nämlich Einkommen aus Fremdenverkehr, Handel, Bankwesen und dergleichen, soweit es selbständigen Unternehmern zufloß. Soweit dagegen solches Einkommen Arbeitern und Angestellten (z. B. Kellnern in einem Fremdenhotel, Angestellten in einem Handelsbetrieb) zukam, ist es in dieser Differenz nicht enthalten. Der Unternehmer fatiert ja sein Einkommen nach Abzug von Löhnen und anderen Auslagen.

Selbstverständlich erfaßt die Steuerstatistik nicht das ganze Einkommen, doch kann man die nötigen Korrekturen nachträglich schätzungsweise vornehmen. Auch die Auslagen österreichischer Geschäftsreisender im Auslande, die Zinsen, die von österreichischen Unternehmungen ans Ausland gezahlt wurden und dergleichen erscheinen schon abgezogen. Der errechnete Betrag wird daher als ein Minimum aufzufassen sein. Trotzdem ist er von Interesse, besonders auch, weil gewisse Aktiv- und Passivposten gegenüber dem Auslande sich jeder sonstigen Beobachtung gänzlich entziehen, während sie hier großenteils berücksichtigt sind.

Die wichtigste Grundlage der nachfolgenden Berechnungen sind die Einkommensquote und die Produktionsquote. Unter Einkommensquote verstehe ich den Anteil an altösterreichischen Einkommen einer bestimmten Art, der auf das jetzige österreichische Territorium entfiel, was aus der länderweisen Steuerstatistik mit kleinen Abzügen für die abgetrennten Gebiete ohne weiteres feststellbar ist. Schwieriger ist die Produktionsquote zu ermitteln, nämlich jener Einkommensanteil, der auf jenem Territorium produziert wurde. Da wir die Differenz zwischen der Einkommensquote und der Produktionsquote als Einkommen aus anderen Gebieten ansehen, ist klar, daß bei einer niedrigen Produktionsquote die auswärtigen Zuflüsse größer ausfallen und umgekehrt. Man kann nun annehmen, daß diese Quote dem Anteil an der Arbeiterzahl im großen Durchschnitt prozentual entspricht. Ganz korrekt ist dies aber nicht, denn eine kleingewerbliche Arbeitskraft wird im allgemeinen ein geringeres Einkommen produzieren als ein großindustrieller Arbeiter. Auch zwischen verschiedenen Industrien eines Territoriums und zwischen denselben Industrien verschiedener Territorien bestehen Unterschiede. Wenn aber, wie ich hier früher gezeigt habe, selbst so verschiedene Produktionsgebiete, wie England und das alte Österreich, ungefähr denselben Produktionswert auf den Kopf des Industriearbeiters aufwiesen, so kann man für die verschiedenen Gebiete Österreichs wohl auch annehmen, daß sich die Differenzen im Durchschnitt ausgleichen. Dies bestätigt sich nun weiter, wenn wir auf Grund der Fellnerschen Methode eine Berechnung nach 14 Industriegruppen durchführen, wobei der Anteil des neuen Österreichs an jeder Industriegruppe zum Ausdruck kommt. Es ergibt sich ein Anteil von rund 32%. — In bezug auf die soziale Verteilung dieses Produktionswertes läßt sich noch sagen, daß die wesentlich höheren Löhne, Preise, Grundrenten und Steuern[1], die auf dem jetzigen österreichischen Territorium mit seiner hohen städtischen Entwicklung galten, das Unternehmereinkommen natürlich herabdrückten. Große Gewinne wurden eher in noch wenig erschlossenen Gebieten mit reicheren Naturschätzen und bedürfnisloserer Arbeiterschaft gemacht als in Wien und Umgebung. Auch spielten in Wien das Kleingewerbe und die Kleinindustrie eine große Rolle, bei denen das Unternehmereinkommen mehr Lohncharakter trägt und relativ geringer ist als in Großindustrien, die durch ihre Kapitalsstärke und die leichtere Möglichkeit der Kartellierung rentabler sind. Diese Umstände lassen also annehmen, daß die auf unserem Gebiet produzierte Quote des Unternehmereinkommens eher geringer war, als dem Anteil an der Arbeiterzahl entsprach.

Wir haben nun früher eine Anzahl von Berechnungen der Produktionsquote des jetzigen österreichischen Territoriums angeführt und stellen hier die Resultate übersichtlich zusammen:

Vom früheren Österreich entfielen auf das jetzige österreichische Gebiet (ohne Burgenland):

nach der Gewerbezählung 1902:
    a) alle in Produktionsgewerben jeder Größenklasse Tätigen . . . . 30,2 %
    b) alle in Fabriken (Produktionsbetrieben über 20 Arbeiter) Tätigen 32 %
    c) in Produktionsgewerben verwendete Pferdekräfte . . . . 35,65 %
nach der Fabrikenstatistik 1907:
    a) Arbeiter in Fabriken (über 20 Arbeiter) . . . . 28,2 %
nach der Berufszählung 1910:
    a) alle in Produktionsgewerben Berufstätigen . . . . 30,5 %
    b) in Handel und Verkehr Berufstätigen . . . . 35,1 %
nach der Statistik der Arbeiter-Unfallversicherung 1912 (umfaßt hauptsächlich alle motorischen Betriebe):
    a) alle gewerblich Versicherten (ohne Eisenbahnen) . . . . 35,1 %
    b) Löhne derselben . . . . 40 %

---

[1] Von den Löhnen entfielen etwa 40% auf unser Gebiet, von der lokal veranlagten allgemeinen Erwerbssteuer 44,63%. Wien und Umgebung waren stets höher besteuert als die anderen Länder.

nach der Statistik der Arbeiterkrankenkassen 1912:
  Zahl der versicherten Arbeiter . . . . 35,6 %
Produktionswert nach der Methode Fellners (derselbe Umfang
  wie Unfallversicherung) . . . . 32 %
Bergbaustatistik (Bruderladen, ohne Salz und Rohöl):
  Arbeiterzahl . . . . 13,1 %
  Löhne . . . . 14,9 %
  Produktionswert (inkl. Rohöl) . . . . 12 %

Die österreichische Produktionsquote liegt nun offenbar zwischen 28% und 35%. Wo es sich um einen Einkommenskomplex handelt, der vorwiegend aus der Großindustrie stammt (Dividenden der Aktiengesellschaften), kann man 30% annehmen (Mittelwert zwischen 28% und 32%). Die Gruppe der Steuerstatistik „Einkommen aus selbständigen Unternehmungen", aus der die Aktiengesellschaften ausgeschieden sind, umfaßt offenbar neben Großunternehmern viele Mittel- und Kleinindustrielle, die Gewerbetreibenden, Kaufleute, freien Berufe usw. Die Quote dieser Gruppe muß also zwischen 30% und 35% liegen. Um ein selbständiges Urteil zu ermöglichen, habe ich für diese Einkommensgruppe die Werte auf Basis von $33 \frac{1}{3}$% und von 35% berechnet. Der erste Wert kann als Minimum, der zweite als Maximum gelten.

Für das Bergbaueinkommen, das aber nur bei der Gruppe der Aktiengesellschaften wesentlich in Betracht kommt, wurde eine Produktionsquote von 12% angenommen. Banken, Handel usw. werden als Hilfsapparat der Produktion betrachtet und daher die Produktionsquote angewendet.

Wir untersuchen zunächst das Einkommen aus selbständigen Unternehmungen und Beschäftigungen, das ganz überwiegend aus Industrie, Gewerbe, Handel, in sehr geringem Ausmaß auch aus den freien Berufen stammte[1]. Bankwesen und Bergbau kommen hier nur sehr wenig in Betracht, weil sie überwiegend in Form von Aktiengesellschaften und Gewerkschaften betrieben wurden, welche wir erst später be-

---

[1] Das Einkommen von Advokaten, Ärzten usw. betrug 1903 in ganz Österreich nur 52 Millionen. — In meiner ersten Veröffentlichung habe ich von dem Einkommen aus selbständigen Unternehmungen 10% für „abgeleitetes Einkommen" abgezogen. Ein genaueres Studium hat mir aber gezeigt, daß in dieser Rubrik das abgeleitete Einkommen ganz minimal ist und ohne weiteres vernachlässigt werden kann. Auch das Einkommen von Advokaten usw. wird ja von Industrie und Handel den Spesen zugeschlagen, ist also nicht abgeleitet.

handeln. Für diese Einkommenskategorie darf man wohl annehmen, daß die Einkommen in Wirklichkeit etwa 20% höher waren, als sie fatiert wurden. Wir schlagen also 20% zu.

Das hier untersuchte Einkommen betrug in ganz Alt-Österreich 1932 Mill. Kronen, wovon auf unserem jetzigen Gebiet 1048,2 Mill. einbekannt wurden. Der auf die abgetretenen Gebiete entfallende Betrag wurde hierbei nach der bezirksweisen Steuerstatistik genau ermittelt und abgezogen. Bei einer Produktionsquote von $33^1/_3$% ergibt sich also eine Differenz von 485 Mill., bei einer solchen von 35% eine Differenz von 446 Mill. Kronen, die aus anderen Gebieten nach dem Territorium des jetzigen Österreichs geflossen sein müssen.

Hierin sind aber die Dividenden von Aktiengesellschaften noch nicht inbegriffen, da sie in der Personaleinkommensteuerstatistik unter „Einkommen aus Kapitalvermögen" ausgewiesen wurden. Diese Rubrik enthielt überdies das Erträgnis festverzinslicher Werte aller Art, die man an sich leicht ausscheiden könnte, weil sie auch der Rentensteuer unterlagen und daher besonders ausgewiesen erschienen. Doch führt dies nicht zum Ziel, weil der verbleibende Rest offenbar viel zu klein ist, was darauf hindeutet, daß die Dividenden zur Personaleinkommensteuer nur unvollkommen einbekannt wurden. In der leichten Möglichkeit, Einkommen aus Aktienbesitz zu verheimlichen, liegt ja eines der wenigen Argumente, die eine hohe Belastung der Aktiengesellschaften selbst rechtfertigen könnten. Überdies erscheint aber das Resultat auch deshalb zu gering, weil jener Teil der Rentensteuer, der im Wege des Abzuges an der Quelle erhoben wurde, auch Einkommen traf, das nicht personaleinkommensteuerpflichtig war. Erwähnt sei aber, daß das der Rentensteuer auf dem jetzigen Gebiete Österreichs unterworfene Einkommen 375 Mill. Kronen betrug[1]. Dieses Einkommen ist natürlich großenteils der Inflation zum Opfer gefallen.

Wir müssen daher eine andere Methode anwenden. Der verteilte Jahresgewinn aller österreichischen Aktiengesellschaften (Dividenden und Tantiemen) betrug 1913 insgesamt 349 Mill., wovon 85 Mill. auf die Montanproduktion entfielen. Bei Industrieaktiengesellschaften können wir wieder 30% als unsere Produktionsquote annehmen, bei Montanaktiengesellschaften 12%. Somit wurde auf unserem Gebiet

---

[1] Das Finanzministerium gibt sogar den Betrag von 406,8 Millionen an. Ich weiß aber nicht, ob da Abzüge für die abgetretenen Gebiete gemacht wurden.

Zahlungsbilanz und Lebensfähigkeit Österreichs.

vom verteilten Reingewinn ein Anteil von 89 Mill. Kronen produziert[1].

Von diesem Betrag muß der Anteil abgezogen werden, der ins Ausland floß. Nach den von Fr. Bartsch bearbeiteten Erhebungen des Finanzministeriums besaß das Ausland 1912 Aktien von Unternehmungen, deren Produktionsstätten auf unserem jetzigen Gebiet lagen, im Nennwert von 262 Mill., wobei wir 208 Mill. Kronen Südbahnaktien nicht einrechnen, weil die Bahn auch andere Gebiete durchlief und überdies keine Dividende zahlte. Bei 6%iger Verzinsung erhält man 16 Mill. Kronen als Zahlungen an das Ausland. Somit verblieben 73 Mill. Kronen, die auf unserem Gebiet produziert und verteilt wurden[2]. Nebenbei bemerkt, besaß das Ausland insgesamt für 5876 Mill. Kronen österreichische Werte, wovon aber der größte Teil festverzinslich war und daher hier nicht berücksichtigt wird.

Unser Besitzanteil war nun viel größer. Dies ergibt sich daraus, daß 54,2 % des gesamtösterreichischen Einkommens aus selbständigen Unternehmungen und 61,6 % des Kapitaleinkommens auf unserem Gebiete versteuert wurden. Von den Erbgebühren, die in ganz Österreich eingingen, bezahlten wir 49,84 %. Wir können also mit Sicherheit annehmen, daß mindestens die Hälfte des gesamten mobilen Kapitals Alt-Österreichs Eigentümern gehörte, die auf unserem jetzigen Gebiete wohnten. Auch für die Aktiengesellschaften kann man dies annehmen. Ein weiterer Beweis liegt darin, daß nach einer von mir veranlaßten Zählung von allen 4761 im „Kompaß" von 1913 verzeichneten Verwaltungsräten österreichischer Aktiengesellschaften 2323, also 49 %, auf dem Gebiete des jetzigen Österreichs wohnten. Die Zahl der Verwaltungsräte entspricht ja meist der Kapitalsverteilung.

Zweifellos war daher von den im Inland verteilten österreichischen Dividenden mindestens die Hälfte Einkommen des jetzigen österreichischen Gebietes, wahrscheinlich aber 60%. Unterfatierung kommt hier nicht in Betracht, wohl aber Doppelzählung (Portefeuilleaktien). Doch spielt dies keine große Rolle. Im folgenden rechnen wir nur mit 50% Anteil des jetzigen Österreichs am Kapitaleinkommen. Doch müssen wir den Dividendenbetrag vorweg abziehen, der ins Ausland floß. Wenn

---

[1] Bei einer Produktionsquote von $33^{1}/_{3}$ % würde sich der Anteil auf 98 Millionen, bei 28 % auf 84 Millionen belaufen.

[2] Den beiden anderen Produktionsquoten würden 82 bzw. 68 Millionen entsprechen.

wir von dem nach den Erhebungen des Finanzministeriums im Auslande placierten Betrag alt-österreichischer Aktien (ohne Südbahn) 6%
als Dividende rechnen, so erhalten wir 39 Mill., die wir von der
Summe aller Dividenden und Tantiemen ganz Österreichs abziehen.
Es bleiben dann 310 Mill. Kronen, wovon die Hälfte, somit 155 Mill.,
auf dem jetzigen österreichischen Gebiet als Dividenden und Tantiemen
bezogen worden sein muß. Im Vergleich mit unserer Produktionsquote
von 73 Mill. ergibt sich also ein Betrag von mindestens 82 Mill.
Kronen, der aus anderen Gebieten Österreichs nach den jetzigen Bundesländern geflossen ist[1].

Die Erhebungen des Finanzministeriums von 1912 haben ferner
ergeben, daß bei den größeren österreichischen Banken ausländische
Wertpapiere im Betrage von 868 Mill. Kronen erlagen. Natürlich war
dies nur ein Teil des österreichischen Besitzes an ausländischen Effekten,
da ja viele im Ausland oder in privaten Kassen des Inlandes aufbewahrt wurden. Hierunter befanden sich 209,8 Mill. Kronen deutsche
Effekten, 179,4 Mill. amerikanische, 78,7 Mill. japanische und chinesische, 71,5 Mill. türkische, 60,5 Mill. russische, 48,3 Mill. englische,
40,6 Mill. bulgarische, 38,4 Mill. rumänische, 31,4 Mill. französische,
24,3 Mill. italienische, 11,4 Mill. Schweizer usw. Die ungarischen
Werte, die sehr bedeutend gewesen sein müssen, fehlen in der Liste. Wir
wissen auch nicht, wieviel hiervon auf festverzinsliche Werte entfiel und
wieviel etwa eigener Besitz der Banken war, also schon gezählt wurde.
Man darf aber wohl einen noch nicht gezählten runden Betrag von
500 Mill. annehmen, deren Gesamtertrag mit 30 Mill. wohl nicht überschätzt ist. Der österreichische Anteil würde mindestens 15 Mill. betragen. Der gesamte Dividendenbezug aus Gebieten außerhalb des
jetzigen Österreichs steigt also auf 97 Mill. Kronen[2].

Das Lohneinkommen und der Ertrag von Gebäuden kommt für
uns wenig in Betracht, obwohl anzunehmen ist, daß z. B. viele
tschechische Arbeiter oder Dienstboten, die in Wien beschäftigt waren,
Beträge nach Hause gesendet oder bei ihrer Rückkehr in die Heimat ihre
Spargelder mitgenommen haben mögen. Auch waren viele italienische
Wanderarbeiter bei Wasserbauten, Slowaken in der Landwirtschaft beschäftigt. Bedeutender waren die Erträge der Landwirtschaft. Vom ge-

---

[1] Den Produktionsquoten von 33 1/3 % bezw. 28 % würden 73 bezw. 87 Millionen entsprechen.

[2] Beziehungsweise auf 88 oder 102 Millionen bei Annahme der anderen Produktionsquoten.

samten grundsteuerpflichtigen Reinertrag Alt-Österreichs entfielen auf unser Gebiet 27%. Wendet man diesen Schlüssel auf das zur Personaleinkommensteuer einbekannte Einkommen aus Grundbesitz an, so erhält man eine Produktionsquote von 126 Mill. Tatsächlich aber wurden auf unserem Gebiete 172 Mill. fatiert. Die Differenz von 46 Mill. dürfte also das Einkommen darstellen, das in Wien und den Alpenländern lebende Großgrundbesitzer von ihren Gütern in Böhmen, Galizien, Ungarn und dem Ausland bezogen. Nach Zuschlag von 20% für Unterfatierung erhöht sie sich auf 55 Mill. Die Summe dürfte aber noch größer gewesen sein, denn bekanntlich zahlten fast nur Großgrundbesitzer und Großbauern Personaleinkommensteuer, und diese Besitzgrößen sind in den Alpenländern seltener als in den ehemaligen nördlichen Kronländern. Daher meine ich, daß die Quote von 27%, die auf der Grundsteuerveranlagung beruht, auf personaleinkommensteuerpflichtiges Einkommen nicht ohne Kürzung angewendet werden kann[1].

Es wurden also bisher folgende fatierte Einkommensbeträge festgestellt, die dem derzeitigen Bundesgebiet aus anderen Gebieten zugeflossen sein müssen: Aus selbständigen Unternehmungen usw. bei einer Quote von $33^{1}/_{3}$% 485 Mill., bei 35% 446 Mill. Kronen, Dividenden 97 Mill. Kronen, Grundbesitz 55 Mill. Kronen, zusammen 598 bzw. 637 Mill. Kronen.

Das Einkommen aus festverzinslichen Werten ist hier nicht berücksichtigt, obwohl natürlich in Wien auch ein großer Besitz an öffentlichen Anleihen, Prioritäten und Pfandbriefen der Nachbargebiete vorhanden war. Da aber dieser Besitz durch die valutarischen Katastrophen vieler Länder besonders hart betroffen worden ist, kommt er für uns wenig in Betracht.

Auch dieser Betrag stellt aber nicht die gesamten Eingänge des jetzigen Bundesgebietes aus dem Ausland dar. Vom Einkommen aus dem Fremdenverkehr, das ich an anderer Stelle für die Vorkriegszeit auf rund 130 Mill. geschätzt habe, erscheinen in obiger Statistik nur jene Bruchteile, die selbständige Unternehmer (also Hoteliers, Geschäftsleute usw.) als ihr Einkommen fatiert haben. Dies wird gewiß nicht mehr als 15% des Umsatzes ausgemacht haben, so daß 110 Mill.

---

[1] Zu dieser Schätzung muß ich einen gewissen Vorbehalt machen. Der Boden des jetzigen Österreichs ist viel weniger fruchtbar als etwa jener Böhmens, Galiziens usw. Dafür ermöglichte die Nähe Wiens intensivere Kultur und höhere Preise; allerdings waren auch die Produktionskosten höher. Ob der Grundsteuerschlüssel alle diese Momente berücksichtigt, kann ich nicht sagen. Theoretisch soll es wohl der Fall sein.

übrig bleiben, die für Löhne, Lebensmittel, Steuern und dergleichen verwendet wurden. Unseren Anteil an den Zuflüssen aus dem Auswandererverkehr hat R. Riemer auf Grund der Erhebungen des Finanzministeriums auf 14 Mill. geschätzt, die Einnahmen aus Transitfrachten betragen etwa 17 Mill.[1]. Schließlich sind noch weitere Teilbeträge des Einkommens aus Transithandel usw. hinzuzurechnen. Das Unternehmereinkommen aus Transithandel usw. ist ja schon berücksichtigt. Es kommen aber noch Löhne im Betrag von etwa 50 Mill. (vgl. später!) hinzu. Andererseits sind Ausgaben der Österreicher im Ausland abzurechnen, jedoch nur, soweit es sich um Vergnügungs- und Gesundheitsreisen handelt, denn die Spesen von Geschäftsreisen wurden ja bereits bei Berechnung des industriellen Nettoeinkommens abgezogen. Der Betrag kann nicht bedeutend gewesen sein. Den Saldo aller dieser noch nicht berücksichtigten Posten wird man wohl mit 150 Mill. zu unseren Gunsten nicht zu hoch eingeschätzt haben. Somit erhöht sich die früher errechnete Summe der unsichtbaren Zuflüsse auf 748 bzw. 787 Mill. Kronen. Auch dies war aber noch nicht die ganze Summe. Wir müßten noch das Einkommen aus festverzinslichen Werten hinzuschlagen, bzw. die Gegenpost abziehen[2]. Für das jetzige Gebiet Österreichs würde sich da ein sehr bedeutender Aktivsaldo von mindestens 200 Mill. ergeben, so daß die gesamten Zuflüsse auf rund 1 Milliarde steigen würden. Doch kommt der Betrag an festverzinslichen Werten für uns heute wenig in Betracht, da die Inflation in allen Nachfolgestaaten da einschneidende Änderungen bewirkt hat. Auch hat sich ja der Begriff „Ausland" gänzlich geändert. Natürlich wären noch manche Einzelheiten zu erörtern. So mögen manche Ausgaben von Fremden aus Vermögen bestritten worden sein, das in Österreich gelegen war, das somit auch in Österreich versteuert wurde. Doppelzählungen sind also wohl anzunehmen, doch dürften sie keineswegs eine große Rolle spielen.

Der Betrag der ziffernmäßig erfaßten, ehemaligen unsichtbaren Einnahmen deckte sich fast genau mit dem durchschnittlichen Handelspassivum der letzten Jahre. Bei Hinzuzählung der hier vernachlässigten Rentenzinsen war es sogar noch größer. Doch wäre es ganz falsch, anzunehmen, daß unser jetziges analoges Einkommen auch nur annähernd

---

[1] Vgl. Statistische Nachrichten II, 4 vom 25. April 192, S. 92. — Auf die Bundesbahnen entfielen 14,5 Millionen, wozu wir noch einen Betrag für die Südbahn zugeschlagen haben.

[2] Vgl. eingehende Daten bei Fellner, S. 109.

Zahlungsbilanz und Lebensfähigkeit Österreichs.

an jene Summe heranreicht. In vielen Ländern ist der Ertrag der Industrie durch äußerstes Anziehen der Steuerschraube, durch Kapitalsmangel und enorme Zinsen, die großenteils ins Ausland fließen, durch politische Unsicherheit, Einengung des Marktes infolge von Ein- und Ausfuhrschwierigkeiten, Mangel an Kaufkraft, Stocken der Investions- und Bautätigkeit, Verringerung der Arbeitsleistung usw. sehr reduziert worden. Die Löhne sind zwar nicht absolut höher als vor dem Kriege, nehmen aber doch meist einen größeren Teil des Ertrages in Anspruch als seinerzeit; auch sind ihnen erhöhte soziale Lasten hinzuzurechnen. Daher wird der Wert industriellen Besitzes bei Verkäufen vielfach nur auf die Hälfte oder 60% des Vorkriegsbetrages geschätzt. In vielen Ländern haben Agrarreformen stattgefunden, die das Einkommen des Großgrundbesitzes stark verringerten. Das Hauseigentum wurde nahezu enteignet, der Ertrag festverzinslicher Werte in vielen Ländern durch Inflation auf ein Minimum, ja auf Null herabgedrückt. Ferner hat sich auch eine bedeutende Änderung in der Besitzverteilung vollzogen. In den letzten Jahren sind große Mengen an Aktien und sonstigen Werten in die Nachbarstaaten und das übrige Ausland abgeströmt, und dies diente zweifellos zur Bezahlung eines wesentlichen Teiles unseres Handelsdefizits. Auch wurde der Zentralsitz vieler Unternehmungen von Wien nach den neuen Staaten verlegt. Die Eigentümer und Aktionäre blieben zwar auch weiterhin meist in Wien, doch wird das Einkommen vieler Direktoren und sonstiger Angestellter nicht mehr bei uns konsumiert und versteuert. Der Fremdenverkehr blieb 1923 noch um ein Drittel hinter der vor dem Kriege erreichten Ziffer zurück. Diesen einschneidenden Reduktionen stehen nur wenige Zuwächse von dauerndem Wert gegenüber, so die Vergrößerung der Industrie im Kriege und nachher, das Aufblühen mancher neuer Industriezweige und Handels- und Bankunternehmungen. Andererseits sind natürlich sehr große neue Lasten hinzugekommen, insbesondere die Zinsen, die wir für ausländisches Kapital zu bezahlen haben, wobei zu berücksichtigen ist, daß ein Teil dieses Kapitals konsumiert und nicht produktiv verwertet wurde (Völkerbundanleihe). Vergleiche mit der Vorkriegszeit müssen ferner die Änderung des Geldwertes berücksichtigen; auch in Ländern mit vollwertiger Währung stehen heute die Preise 50% über dem Vorkriegsniveau.

Auf Grund aller dieser Erwägungen darf man annehmen, daß wir in Zukunft noch mit mindestens der Hälfte der hier abgeschätzten unsichtbaren Zuflüsse werden rechnen können, die wir vor dem Kriege bezogen, also mit etwa 350 bis 400 Mill. Goldkronen. Nach Berücksichtigung der Geldwertänderung von 50% erhöht sich dieser Betrag auf 475 bis 600 Mill. Goldkronen. Bedeutend geringer dürfte die Summe nach Eintritt halbwegs normaler Verhältnisse kaum sein; ob sie sich wesentlich höher stellen wird, hängt von zahlreichen politischen, wirtschaftlichen und sozialen Momenten ab, die derzeit noch nicht vorhergesehen werden können. Augenblicklich bleibt sie allerdings wohl noch sehr hinter jener Summe zurück.

Selbstverständlich darf man aber nicht annehmen, daß die erwähnten Beträge einfach zum Verbrauch in Österreich zur Verfügung standen und somit das Handelsdefizit verringerten. Ein großer Teil des industriellen Einkommens wurde ja wieder in jenen Ländern investiert, aus denen es stammte, also in den slawischen Ländern, Ungarn, Rumänien, in den Balkanländern, Rußland usw. Jeder Unternehmer suchte seinen eigenen Betrieb zu modernisieren und zu erweitern, und wenn er auch sein Einkommen in Wien versteuerte, so blieb doch ein großer Teil in den Ursprungsgebieten oder wurde im Wege der Banken den kapitalsbedürftigen Gebieten zugeleitet. Bei der herrschenden Kapitalsnot ist ferner die Industrie heute noch viel mehr als je gezwungen, ihren Reingewinn wieder zur Stärkung der Betriebsmittel zu verwenden. Wien war stets die Zentrale, wo das überschüssige Kapital Alt-Österreichs zusammenfloß, und wo es den Bedürfnissen der Produktion entsprechend neu verteilt wurde.

Zur Beurteilung der Vorkriegsverhältnisse dient auch, daß der große Reichtum, der in Wien zusammenfloß, entsprechend hoch versteuert wurde, und daß das Erträgnis großenteils in wirtschaftlich zurückgebliebene Kronländer abströmte. Die oft vorgebrachte Behauptung, Wien habe von den Steuergeldern der Provinz gelebt, ist ganz falsch. Tatsächlich wurde in Wien und Niederösterreich nur etwa die Hälfte der Ausgaben, die die Steuerträger dort entrichteten, wieder an Ort und Stelle ausgegeben. Der Rest wurde verwendet, um die Bedürfnisse wirtschaftlich rückständiger slawischer Provinzen zu decken, sie wirtschaftlich und kulturell zu entwickeln und ihre geringere Steuerleistung auszugleichen. Man muß also berücksichtigen, daß von den großen Summen, die nach Wien strömten, ein sehr beträchtlicher Teil im Wege der Besteuerung nach den ärmeren Teilen Österreichs geleitet wurde. Natürlich gereichte dies auch den wirtschaftlich fortgeschrittenen

Kronländern, deren Industrie an dem Erstarken der Kaufkraft in Galizien usw. sehr interessiert war, zum Vorteil. Auch war Wien nicht nur das finanzielle Zentrum der früheren Monarchie, sondern eines großen Teils von Mittel- und Osteuropa, und die hier erwähnten Zu- und Abflüsse beziehen sich auf dieses ganze, große Wirtschaftsgebiet.

Internationaler Zwischenhandel und Zahlungsbilanz[1].

In der versuchten Schätzung der unsichtbaren Posten unserer Zahlungsbilanz nach dem Vorkriegsstand sind auch die Handelsgewinne berücksichtigt, soweit sie als Einkommen aus selbständigen Unternehmungen zur Personaleinkommensteuer fatiert wurden. Meine Berechnung schied aber die Handelsgewinne nicht aus der Gesamtsumme des Unternehmereinkommens aus.

Man kann nun den Versuch machen, die eben verwendete Methode auch auf das Handelseinkommen allein anzuwenden. Die Daten hierzu bietet das vom Finanzministerium herausgegebene Werk „Beiträge zur Statistik der Personaleinkommensteuer in den Jahren 1903 bis 1907 (erschienen 1908). Diese große Publikation gibt allerdings im wesentlichen nur die Ziffern für 1903, doch kann man den Zuwachs nachträglich berücksichtigen.

In ganz Österreich wurde 1903 in der Gruppe „Warenhandel" ein Unternehmereinkommen von 283,5 Mill. Kronen einbekannt, wobei das gesondert ausgewiesene Einkommen dieser Kaufleute aus Grundbesitz, Gebäuden, Kapitalvermögen usw. bereits weggelassen wurde. Es stellt also nur den Gewinn aus dem Warenhandel und kleineren Nebenbetrieben dar. Auch das Bankgewerbe ist nicht inbegriffen. Wieviel hiervon bildete nun den Lokalbedarf des jetzigen österreichischen Gebietes? Auf Grund der schon angeführten Daten dürfen wir für das Bundesgebiet eine Konsumquote von höchstens 35% annehmen und eine gleichgroße Ausdehnung des Handels, der diesen Konsum zu befriedigen hatte. Erwähnt sei noch, daß auf unser Gebiet vom Stempelmarkenverkauf etwa 30% und vom Tabakkonsum etwa 36% entfielen.

Somit ergibt sich für unser Gebiet und für 1903 ein dem Lokalbedarf entsprechendes Handelseinkommen von 99,2 Mill. Kronen. Größer dürfte der Betrag gewiß nicht gewesen sein, eher geringer. Tatsächlich aber wurden auf dem jetzigen Gebiet Österreichs 136,3 Mill. Kronen einbekannt. Man kann also hieraus schließen, daß die Differenz

---

[1] Zuerst erschienen im Österreichischen Volkswirt vom 7. Juni 1924.

von 37,1 Mill. Kronen den einbekannten Unternehmergewinn des Handels aus der Stellung Wiens als Zentrum des Zwischenhandels und Fremdenverkehrs nach dem Stande von 1903 bildete.

Das gesamte Einkommen aus selbständigen Unternehmungen hob sich von 1903 bis 1913 um 110%, was teilweise auf schärfere Erfassung zurückging, da die Zahl der Industriearbeiter und daher wohl auch das Ausmaß des Industrieeinkommens in der gleichen Periode sich nur um 49% vermehrte. Wenn wir annehmen, daß die erwähnten Handelsgewinne im selben Verhältnis gewachsen sind, so hätten sie also 1913 77,9 Mill. Kronen ausgemacht. Ferner muß berücksichtigt werden, daß das wirkliche Einkommen größer war als das fatierte. Man darf wohl mindestens 25% zuschlagen, wodurch sich die Ziffer auf 97,4 Mill. Kronen erhöht.

Diese Ziffer stellt nur das Unternehmereinkommen dar. Der Zwischenhandel hat natürlich auch zahlreichen Angestellten und Hilfskräften Beschäftigung geboten, deren Einkommen aber von der Personaleinkommensteuer nicht vollständig erfaßt wurde. Aus der angeführten Publikation ergibt sich, daß das fatierte Einkommen der Angestellten und Hilfskräfte im Warenhandel in Nieder-Österreich genau 33% des Unternehmereinkommens ausmachte. Somit würde sich der früher errechnete Betrag auf 130 Mill. Kronen erhöhen. Nun waren aber 1903 von 121 149 Personen, die in Nieder-Österreich im Warenhandel beschäftigt wurden (Unternehmer, Angestellte und Arbeiter), nur 48 829 steuerpflichtig, 72 320 bezogen offenbar weniger als das Existenzminimum. Wir wissen nicht, um wieviel sich diese Zahl bis 1913 vermehrt hat. Es ist aber gewiß eine vorsichtige Schätzung, wenn wir das Gesamteinkommen dieser Schicht auf 60 Mill. veranschlagen. Da das oben errechnete Zwischenhandelseinkommen ein Drittel des gesamten Handelseinkommens Nieder-Österreichs ausmachte, können wir hiervon etwa 20 Mill. dem Zwischenhandelseinkommen zuschlagen. Möglicherweise ist dies etwas zu hoch, da im Großhandel auf einen Angestellten ein größerer Umsatz und Gewinn fallen dürfte als im Kleinhandel. Andererseits lassen wir aber die anderen Kronländer unberücksichtigt, in denen doch insbesondere der Fremdenverkehr dem Handel auch größere Einnahmen brachte. Ferner sehen wir davon ab, die Sachauslagen (Bürobedarf), Mieten, Steuern, Porto u. dgl. zu veranschlagen, die ja auch aus dem Ertrag des Betriebes gedeckt worden sein müssen. Das in Frage stehende Handelseinkommen belief sich also

1913 auf ungefähr 150 Mill. Kronen. Ferner hat der internationale Zwischenhandel und Fremdenverkehr natürlich noch bedeutende Einnahmen der Eisenbahnen, Spediteure, Banken, Versicherungsgesellschaften, Hotels, Gasthäuser, Vergnügungsunternehmungen verursacht, die aber in der Zahlungsbilanz gewöhnlich als selbständige Posten ausgewiesen werden.

Man darf also annehmen, daß das reine Handelseinkommen aus der Vermittlerrolle Wiens und aus dem Fremdenverkehr vor dem Kriege rund 150 Mill. Kronen ausmachte. Wie hoch es sich aber jetzt stellt, ist sehr schwer zu sagen. Obwohl die Bedeutung Wiens als Handelsplatz im großen und ganzen nicht erschüttert, ja in manchen Beziehungen sogar noch gesteigert wurde, werden doch viele Geschäfte zwischen den Nachbarstaaten heute direkt, ohne Berührung Wiens gemacht. Ich vermag auch nicht ziffermäßig abzuschätzen, inwieweit sich etwa der Handelsgewinn infolge höherer Spesen und Zinsen derzeit niedriger stellt als vor dem Kriege. Anderseits wäre aber die Änderung der Kaufkraft zu berücksichtigen. Der Umsatz einer bestimmten Warenmenge erfordert heute auf dem Weltmarkt einen etwa um 50% höheren Geldbetrag, und auch die Gewinne des Handels dürften hierdurch entsprechend gesteigert werden. Über alle diese Punkte könnten sich nur Sachkundige aus dem Handel selbst äußern, und es wäre dann vielleicht möglich, aus der errechneten Vorkriegsziffer einen Schluß auf die Gegenwart zu ziehen. Gefühlsmäßig möchte ich etwa ein derzeitiges Einkommen von rund 100 Mill. als wahrscheinlich ansehen.

Ergebnisse.

Die hier zusammengestellten statistischen Angaben und Schätzungen führen zu folgendem Ergebnis:

1. Österreich besitzt zweifellos ausreichende Produktionsmittel und Exportfähigkeit, um seinen sehr bedeutenden Einfuhrbedarf an Lebensmitteln, Rohstoffen und Fabrikaten decken zu können.

2. Diese Produktionsmittel konnten allerdings bisher teils infolge der Absperrungspolitik der Nachbarstaaten, teils infolge Kapitalmangels nicht genügend ausgenützt werden. Eine Annäherung an die wirtschaftlichen Vorkriegsverhältnisse würde eine Nettoerhöhung des Industrieexportes und eine Verringerung der Einfuhr an Agrarprodukten bewirken, die allein ausreichen würden, um das Defizit der Handelsbilanz der letzten Jahre mehr als aufzuwiegen.

3. Im Durchschnitt der fünf Jahre 1919 bis 1924 betrug das Handelspassivum rund 800 Millionen Goldkronen jährlich. Hiervon wurden bis Ende 1924 über 900 Millionen durch Notstandskredite und öffentliche Auslandsanleihen gedeckt. Unter den sonstigen Passivposten der Zahlungsbilanz fällt vor allem die Verzinsung öffentlicher und privater Kredite ins Gewicht.

4. Die unsichtbaren Zuflüsse aus Fremdenverkehr, Kapitalsanlagen, Transithandel usw. betrugen für das heutige Gebiet Österreichs vor dem Kriege nahe an 100 Millionen Goldkronen, wovon aber sehr viel wieder auswärts investiert wurde. Ein beträchtlicher Teil hiervon wurde durch den Währungsverfall in den Nachbarstaaten, durch Kapitalsabwanderung aus Österreich, höhere Besteuerung in allen Ländern, Herabdrückung der industriellen Rentabilität, Expropriationen, Sequestrationen, Rückgang des Fremdenverkehrs usw. vernichtet oder zeitweise ausgeschaltet. Es muß aber immer noch ein sehr bedeutender Rest vorhanden sein, den ich nach Wiederkehr halbwegs normaler Verhältnisse auf etwa 500—600 Millionen Goldkronen schätzen möchte. Dieser Betrag ist also nicht viel geringer als das Handelspassivum der letzten Jahre nach Abzug des aus öffentlichen Auslandsanleihen gedeckten Betrages. Er ist aber jedenfalls nicht unwesentlich geringer als das Passivum der Zahlungsbilanz. Ferner steht natürlich dieser Betrag keineswegs einfach für Konsumzwecke zur Verfügung, sondern muß großenteils wieder in den Nachbarstaaten investiert werden. Da nun überdies jene regelmäßigen Zuflüsse in den letzten Jahren noch keineswegs ihre normale Höhe erreicht haben können, muß die Differenz durch Kapitalaufzehrung, und zwar teils auf Kosten des Auslandes (Valutaverluste, Insolvenzen), teils auf Kosten des Inlandes, gedeckt worden sein.

Unsere Darstellung erstreckt sich nur bis Ende 1924. Es wurde nun bereits betont, daß das Handelspassivum, das im Jahre 1924 die ungeheure und beunruhigende Höhe von 1032 Millionen Goldkronen erreicht hatte, in diesem Jahre durch außergewöhnliche Umstände besonders gesteigert worden war, insbesondere durch große Importe angesichts der bevorstehenden Zollerhöhungen. Dies gilt auch für die ganze Nachkriegsperiode, da anfangs Notimporte und später die Wiederinstandsetzung der Produktionsmittel und die Auffüllung der Lager zu berücksichtigen sind, wie andererseits auch das Zurückbleiben des Exports, der durch ungünstige Produktions- und Absatzbedingungen gehemmt wurde.

Da eine rasche Steigerung der Produktion praktisch nicht durchführbar war, konnte nur eine Einschränkung des Konsums den Ausgleich bringen. Eine solche habe ich bereits Anfang 1924 auf Grund der Entwicklung der Handelsbilanz vorausgesagt, während die Beweiskraft dieses Schlusses von anderer Seite auf Grund theoretischer Erwägungen bestritten wurde. Tatsächlich ist aber im Laufe des Jahres 1924 eine überaus scharfe Krise über Österreich hereingebrochen, die sich in gewaltigen Erschütterungen und Zusammenbrüchen und schließlich in einem bedrohlichen Anschwellen der Arbeitslosigkeit äußerte. Anfang 1925 gab es zeitweise etwa 200 000 oder mehr Arbeitslose, also etwa ein Fünftel oder ein Sechstel der Gesamtarbeiterzahl. Der größte Teil hiervon bezog Arbeitslosenunterstützung, was natürlich das Budget schwer belastete.

Die internationalen Finanzkreise verfolgten, durch die Insolvenzwelle des Jahres 1924 beunruhigt, die Situation Österreichs aufmerksam und kamen zu dem Schluß, daß nur eine Kontraktion der Wirtschaft durch scharfe Kreditdrosselung helfen könne. Hiervon versprach man sich auch eine Besserung der Handelsbilanz; denn man nahm an, daß der hohe Zinsfuß und die Geldknappheit das Angebot von aufgespeicherten Waren zwangsweise vermehren, die Kaufkraft und Nachfrage aber verringern würden. Hieraus sollte eine Senkung des Preisniveaus sich ergeben, was zur Steigerung der Ausfuhr und zum Rückgang der Einfuhr, also zur Besserung der Handelsbilanz führen mußte.

Trotz des begreiflichen Widerstandes der österreichischen Wirtschaftskrise gelang es dem Einfluß der Bank von England, die österreichische Nationalbank zu diesen Maßnahmen zu bewegen. Die Bankrate, die in den Inflationsjahren 6—7% und nach Einsetzen der Sanierung 9% betragen hatte, wurde auf 12 und vorübergehend auf 15% gesteigert. Tatsächlich mußten aber die Produzenten vielfach 20 und 30% an Zinsen bezahlen, wenn sie nicht billigen Auslandskredit erlangen konnten. Erst am 25. April 1925 wurde die Bankrate von 13 auf 11% herabgesetzt. Der Wechseleskompte der Nationalbank hatte Anfang August den Höchststand von 3328 Milliarden Kronen erreicht. Der letzte Ausweis vor Drucklegung dieser Arbeit, nämlich der Ausweis vom 15. Mai 1925 zeigt ein Wechselportefeuille von 906 Milliarden. Der Wechseleskompte war tatsächlich in wenigen Monaten auf weniger als ein Drittel herabgedrückt worden. Allerdings wurde diese Einschränkung großenteils durch Einströmen von kurzfristigen Auslandskrediten wieder aufgewogen, wie aus der Höhe der Reportdevisen im Ausweis der Nationalbank klar ersichtlich ist. Auch zeigt sich erfreulicherweise ein starkes Anwachsen der Spareinlagen.

Es scheint nun, daß die drakonischen Kreditrestriktionen ihren Zweck nicht verfehlt haben. Vor wenigen Tagen wurden die statistischen Ausweise über die Handelsbewegung in den zwei ersten Monaten 1925 veröffentlicht. Das Handelspassivum betrug in diesem Zeitraum durchschnittlich nur 54 Millionen Schillinge gegen 130 Millionen Schillinge im Vorjahr. Es war also auf weniger als die Hälfte gefallen. In Goldkronen umgerechnet würde dieser Monatsdurchschnitt ein Jahrespassivum von 456 Millionen ergeben. Doch lassen sich aus wenigen Ziffern noch keine sicheren Schlüsse ziehen. Bemerkenswert ist auch, daß der österreichische Preisindex seit Januar rückläufig ist, daß also das Inkrafttreten der höheren Zölle sich bisher nicht in einer allgemeinen Erhöhung des Preisniveaus ausgewirkt hat. Allerdings sind aber die Weltmarktspreise im gleichen Zeitraum auch gefallen, so daß die Krediteinschränkung nicht als Hauptgrund des Preisrückgangs betrachtet werden kann. Ein fördernder Umstand war, daß in der zweiten Jahreshälfte 1924 eine außerordentlich große Einfuhr stattgefunden hat, so daß wohl viele Kaufleute genötigt waren, ihre Lager zu erleichtern.

Aus den bisher vorliegenden Handelsziffern für 1925 scheint sich auch zu ergeben, daß der Rückgang des Handelspassivums mehr durch Einschränkung des Imports, als durch Steigerung des Exports erzielt wurde. Wenn diese Tendenz anhält, so wäre dies allerdings nicht gerade erfreulich. Die ganze österreichische Wirtschaft leidet ja vor allem durch den Kapitalmangel, der es unmöglich macht, die Produktivkräfte voll auszunützen. Die notgedrungene Produktionseinschränkung erhöht aber die Produktionskosten und schwächt hierdurch die Exportfähigkeit. Daher kann eine nachhaltige Besserung der österreichischen Wirtschaftslage nicht von einer Drosselung, sondern nur von einer Erweiterung der Produktion erwartet werden. Eine Hungerkur mag einem überfütterten Organismus gut tun. Eine so entkräftete Volkswirtschaft aber, wie jene Österreichs, kann nicht nach Rezepten saniert werden, die aus der Beobachtung gesunder und kraftvoller Wirtschaftskörper abgeleitet sind.

Printed by Libri Plureos GmbH
in Hamburg, Germany